Jardins d'intérieur et balcons pour les débutants

Le b.a.-ba du jardinier citadin

Philippe Chavanne

FIRST Editions

ISBN 2-75400-174-3

Dépôt légal : 1er trimestre 2006
Imprimé en France par Pollina - L99285

Conception graphique : KUMQUAT®
Illustrations de couverture et intérieur : Margaux Motin

Nous nous efforçons de publier des ouvrages qui correspondent à vos attentes et votre satisfaction est pour nous une priorité.
Alors, n'hésitez pas à nous faire part de vos commentaires :

Editions Générales First
27, rue Cassette
75006 Paris – France
Tél. : 01 45 49 60 00
Fax : 01 45 49 60 01
e-mail : firstinfo@efirst.com

Sommaire

Introduction

Pendant plusieurs dizaines d'années, j'ai vu ma mère admirer et remodeler sans cesse ses parterres de fleurs. Je l'ai vue planter ceci, semer cela. Potasser les livres de jardinage. Feuilleter les revues spécialisées à la recherche de « la » nouvelle bonne idée du moment ou du petit « truc » qui lui serait utile. Manier avec dextérité et enthousiasme le râteau, la bêche, le plantoir ou l'arrosoir. Courir les horticulteurs et visiter les pépiniéristes.
Et ainsi, à chaque saison, assurer la renaissance d'une débauche de plantes et de fleurs qui faisaient son plaisir. Créer avec succès un nouveau jardin qui était aussi sa fierté.

Elle avait de la chance : elle possédait un vaste jardin où arbres fruitiers, sapins, plantes, aromates et fleurs pouvaient pousser sans réelle contrainte. Au seul gré de son envie du moment.

Tout le monde n'a pas cette fantastique opportunité ! Nombreux sont celles et ceux qui, pour tout espace de liberté, ne possèdent qu'un balcon ou une terrasse. Doivent-ils dès lors se priver de toutes les joies du jardinage ? Doivent-ils se contenter d'admirer les fleurs du voisin et les plantes aromatiques qui poussent dans les jardins des amis « exilés » à la campagne ?

Pas du tout !

Fleurir une fenêtre, aménager un balcon ou agrémenter une terrasse associe les joies authentiques du jardinage au plaisir de décorer et d'enjoliver son habitation. Un peu de temps, un minimum d'imagination et un brin de passion sont suffisants pour vous permettre de transformer le plus banal des balcons en un splendide petit îlot de verdure qui fera votre bonheur en même temps que... l'envie des voisins.

Aujourd'hui, les plantations et décorations en bacs ne se limitent heureusement plus aux simples jardinières de géraniums. Vous avez désormais le choix au sein d'une vaste sélection de fleurs, d'arbustes d'ornement, de conifères, de plantes grimpantes, voire de légumes et autres odorantes herbes aromatiques.

Aménager et fleurir les fenêtres, balcons et terrasses n'est pas non plus réservé à celles et ceux d'entre vous qui ont la chance d'avoir « les doigts verts ». Aujourd'hui, tout le monde peut se lancer dans le « jardinage urbain » avec autant de satisfaction que de bonheur. Parce que l'outillage et les plantes sont désormais adaptés. Parce qu'il est possible d'obtenir aisément toutes les informations et les conseils utiles. Et, surtout peut-être, pour la bonne et simple raison que nous éprouvons toutes et tous le besoin de posséder et de nous occuper d'un petit coin de verdure !

ACTE 1

Je veux mon coin de verdure !

Un jardin en ville, c'est possible !

Vous avez envie de tourner le dos à la grisaille. De dire non au « tout béton ». De refuser l'éternelle domination du ciment et de la brique. Bref, vous avez envie d'un petit coin de verdure ? Qu'attendez-vous pour vous lancer ? Laissez-moi deviner : vous craignez que le jardinage vous prenne trop de temps, vous pensez ne pas disposer de suffisamment d'espace ? Pourtant, même si vous habitez en appartement, dans un petit deux pièces avec vue sur cour, même si vous avez peu de temps libre, un jardin en ville, c'est possible !

Passons en revue une à une toutes les idées reçues que vous pouvez avoir sur le jardinage, histoire de lever vos derniers doutes...

« Parlez-vous jardinage ? » : le jardinage, pour moi, c'est du chinois !

À tous ceux qui doivent plonger dans le dictionnaire ou qui frémissent dès qu'ils entendent les mots « jardinage », « plante » ou « fleur », je dis : ne paniquez pas !

Il n'est pas besoin d'avoir fait des études d'horticulture pour vous lancer dans l'aventure. Il n'est pas utile non plus d'apprendre une nouvelle langue faite de mots aussi curieux que « bulbe », « rabattre », « engrais », « compost », « bouturage », « rempoter »,... Tout comme il n'est pas nécessaire de passer tout votre temps libre la petite pelle à la main, entouré de pots de fleurs. Alors relevez vos manches et débarrassez-vous des encyclopédies aux termes savants et aux descriptions botaniques complexes. Dans ce livre, on vous simplifie le jardinage.

Le jardinage, c'est pénible et ça prend du temps

Comme bien d'autres passe-temps, le jardinage – qui reste l'un des hobbies préférés des Françaises et des Français – est souvent bien plus simple et nettement plus agréable qu'il n'y paraît au premier abord.

Vous avez peut-être le souvenir d'une grand-mère qui, entourée de jolis pots de fleurs, avait toujours les mains sales, pleines de terre. Et celui d'un grand-père qui semblait douloureusement courbé au-dessus d'une ligne de salades ou d'un rang de fraisiers. Vous voyez aussi vos amis campagnards passer leurs week-ends à pousser la tondeuse à gazon, ramasser les feuilles en automne et arracher les mauvaises herbes dans les parterres de fleurs. Le jardinage, c'est cela, mais pas uniquement.

Vous n'avez pas la main verte ? Vous n'avez pas le temps ? Vous êtes impatient de voir les résultats de vos plantations ? Choisissez des plantes « faciles à vivre », qui poussent vite et bien, et ne réclament pas une attention de tous les instants. Dans ce livre, nous vous proposons des plantes de cette sorte, histoire de vous faciliter la vie !

Pas d'espace, pas de jardin !

Même si vous n'avez pas de jardin, même si vous habitez en appartement, un coin de verdure, c'est possible.

• Vous possédez une terrasse ?

Une terrasse peut aisément accueillir de nombreux récipients de formes et de tailles diverses, qui permettent la culture d'une multitude de végétaux très variés : depuis les plantes

vivaces jusqu'à certains arbres fruitiers, en passant par des conifères ou d'autres petits arbustes.
En fonction des possibilités et des configurations, une terrasse peut également être bordée par des végétaux plantés en pleine terre. Outre leur aspect purement décoratif, ceux-ci pourront aussi, le cas échéant, protéger la terrasse contre le vent ou le soleil, voire créer un cadre intime en la dissimulant au regard des voisins.

Conseil :

Ayez du (gros) pot !

Les grands espaces (terrasses sur toit ou terrasses autour des habitations individuelles) demandent généralement des pots de plus grand volume, avec des ouvertures d'au moins 50 à 60 centimètres. Si vous groupez les pots, n'oubliez pas d'insérer au cœur du groupe au moins un gros pot garni d'une grande plante. L'effet sera superbe !

• Vous possédez un balcon ?

Dans la toute grande majorité des immeubles collectifs, surtout les plus récents, il existe des surfaces extérieures édifiées en saillies par rapport au bâtiment et qui prolongent une pièce de séjour ou une chambre. D'un immeuble à l'autre, ces espaces peuvent varier assez considérablement tant au niveau de leur style que de leur configuration ou leur superficie.
Dans tous les cas, sur un balcon, le jardin en pots est la meilleure solution. Pour créer de l'espace, vous pouvez également suspendre vos plantes. Attention cependant à utiliser des pots légers. Pensez aussi aux plantes grimpantes qui vous permettent de gagner de la place et vous offrent un plafond de verdure. Plantez des annuelles ou des vivaces grimpantes contre les murs.

• Vous avez bien une fenêtre ?

Qu'elles soient situées sur une habitation collective ou individuelle, qu'il s'agisse d'un environnement urbain ou campagnard, les fenêtres offrent toujours la possibilité de suspendre des jardinières. Ces petits jardins suspendus au rebord des fenêtres ont l'avantage d'offrir un décor visible de l'intérieur comme de l'extérieur. Les fleurs et plantes qui les composeront devront s'associer parfaitement aux couleurs des murs alentours, à celles des tentes solaires ou des volets éventuels,... voire - si vous poussez le souci du détail fort loin - aux motifs et couleurs de vos tentures et rideaux.

Conseil :

Jouez la carte du patrimoine

Une bonne idée pour commencer à « habiller » vos fenêtres ou balcons est de vous adapter à l'histoire ou au patrimoine culturel de votre habitation ou de votre quartier. Pour classiques qu'elles soient, des roses seront toujours du plus bel effet sur une bâtisse du XIXe siècle. Et un environnement campagnard devra vous mener à des compositions simples, charmantes, voire désuètes, plutôt qu'à des plantes ou des combinaisons très sophistiquées.

• Créez votre jardin d'intérieur !

Vous ne disposez ni d'une terrasse, ni d'un balcon ? Qu'à cela ne tienne, créez votre jardin d'intérieur avec des plantes vertes ou des plantes à fleurs. Pour se développer, chaque plante a des besoins particuliers : quand l'une déploie toute sa beauté dans une atmosphère humide, une autre préférera un air plus sec. Il suffit donc d'installer la bonne plante au bon endroit, et le tour est joué (voir Acte 6).

Règlement, règlement : dites « Oui, Chef ! »

Si vous habitez en appartement, vous le savez : la vie en immeuble collectif présente de nombreux avantages. Mais il faut bien reconnaître qu'elle a aussi ses contraintes, liées la plupart du temps à la vie en société, au maintien des relations de bon voisinage et, en fin de compte, au simple bon sens.

Les plantations extérieures (celles que vous envisagez justement de faire sur les rebords de vos fenêtres, sur votre terrasse ou sur votre balcon) échappent rarement à... la règle ! Pas plus qu'aux règlements généralement établis par les syndics et autres joyeux co-propriétaires.

Contrainte et harmonie

Dans certains cas, ces règlements d'ordre intérieur peuvent paraître bien limitatifs. Terriblement contraignants, même. Cependant, dans la toute grande majorité des cas, ils ne visent qu'à assurer l'harmonie de la vie en collectivité et à valoriser, par une certaine uniformisation qui n'a pas toujours que des inconvénients, l'esthétique générale des bâtiments (grâce, notamment, au choix d'une couleur identique pour toutes les boiseries extérieures, pour les tentes solaires,...).

Il en est donc de même pour les plantations. Tous les responsables d'immeubles n'apprécient pas que l'on transforme un simple balcon en une jungle luxuriante. Certains voisins grincheux n'apprécieront pas plus de voir votre lierre tenter d'entrer subrepticement dans leur salon ou votre vigne vierge venir porter ombrage à leur terrasse.

Frappez à la bonne porte

Avant d'entamer vos premiers travaux de jardinage, prenez l'élémentaire précaution de vous renseigner. Qu'est-ce qui est permis ? Qu'est-ce qui est interdit ?

Ne vous contentez pas d'en discuter vaguement avec un voisin à l'heure de l'apéritif. Malgré sa bonne volonté que l'on ne mettra jamais en doute ici, il ne connaît peut-être pas ce règlement sur le bout des doigts et peut vous induire en erreur. Autant de temps, d'argent et d'efforts qui risquent d'être inutiles.

Frappez plutôt à la bonne porte : l'agence immobilière, le syndic d'immeuble, le responsable de l'assemblée des co-propriétaires,... pourront vous renseigner utilement, efficacement et complètement.

Ne noyez pas votre voisin du dessous !

Pendant que vous allez à la pêche aux informations, profitez-en pour obtenir le maximum de renseignements d'ordre technique. Il existe en effet une réglementation précise (et assez stricte) relative à l'étanchéité des balcons et terrasses. On peut raisonnablement douter du fait que votre voisin du dessous apprécie de voir ses vitres soigneusement nettoyées profiter du moindre de vos arrosages... Mieux vaut donc vous renseigner au préalable sur les caractéristiques d'étanchéité de votre terrasse et sur les possibilités d'évacuation des eaux.

Dans le même ordre d'idées, faites-vous préciser les charges maximales que peut supporter votre balcon (il est souvent question de 250 kg/mètre carré, mais cela ne semble pas être une règle uniforme). Cela ne sert à rien de tenter d'y installer d'immenses jarres remplies de terre s'il a été conçu uniquement pour supporter des jardinières de petite taille. Là aussi, les agents immobiliers, propriétaires, syndics ou architectes doivent pouvoir vous apporter toutes les informations nécessaires.

La municipalité s'en mêle

D'autre part, sachez aussi que certaines municipalités ont tendance à réglementer les plantations, avec une liste assez précise des plantes (arbres, fleurs,...) autorisées et interdites.

Souvent, la liste des plantes « vivement déconseillées » (pour utiliser un euphémisme) reprend des espèces qui sont totalement étrangères à la région ou inadaptées au sol ou au climat local. Par contre, les plantes autorisées font souvent la part belle aux espèces indigènes, bien adaptées au terroir.

En outre, en limitant (relativement, il est vrai) la variété des plantes admises, ces municipalités visent aussi à créer un paysage local plus homogène et donc à accroître l'esthétique générale des lieux.

N'hésitez donc pas à pousser la porte de votre mairie : il y aura toujours bien un employé municipal qui pourra vous renseigner utilement (il s'agit souvent d'un responsable de l'environnement ou d'un éco-conseiller).

Esquisses et coloriage : « dessine-moi une terrasse ! »

L'aménagement d'un balcon et, plus encore, celui d'une terrasse ne s'effectue pas toujours sans difficulté. Ou, en tout cas, cela nécessite-t-il une certaine dose de réflexion préliminaire.

Comment faut-il délimiter les différentes zones de plantation et de détente ? Comment est-il possible de créer une ambiance intimiste ? Est-il possible d'apporter une note d'originalité ? Comment les différents récipients doivent-ils être répartis en fonction de l'environnement immédiat : les vues à préserver ou à mettre en valeur, les écrans à créer et à installer,... ?

En réalité, chaque balcon, chaque terrasse représente un cas particulier. Aucun ne ressemble aux autres. Chaque balcon possède ses caractéristiques propres : taille, point de vue, environnement, architecture,... Et chaque terrasse possède aussi bien des avantages que des inconvénients. Il y aura donc toujours des contraintes, mais aussi des problèmes auxquels apporter des solutions efficaces et esthétiques. En finalité, les questions à se poser avant d'envisager des plantations sont quasiment aussi nombreuses qu'il existe de balcons ou de terrasses.

Devenez votre propre paysagiste

Il n'est vraiment pas besoin de faire appel à un paysagiste pour préparer le plan de votre future terrasse.
Le meilleur conseil que l'on puisse vous donner est de commencer par faire vous-même un plan de votre terrasse. Certes, nombreux sont les jardiniers qui aiment dresser un plan extrêmement précis de leur jardin mais, dans votre cas, un bon croquis pourra parfaitement faire l'affaire.

Conseil :

Passez à l'ère de l'informatique

Depuis quelques années, plusieurs logiciels d'aménagement de jardin, adaptés au grand public, sont disponibles dans le commerce. Le concept est facilement adaptable aux terrasses. Une fois le plan de base dessiné à l'échelle sur l'ordinateur, le logiciel permet de faire évoluer le paysage. Ce type de logiciels permet au minimum d'éviter de recommencer un dessin fait à la main à chaque modification, de visualiser un espace planté sous différents angles. Certains logiciels, encore plus complets, comprennent une encyclopédie sur les plantes.

Quel qu'il soit, ce croquis a pour objectif essentiel de vous permettre de tirer le meilleur parti possible de la surface dont vous disposez, en tenant compte de l'utilisation que vous souhaitez en faire (un coin barbecue, un espace-détente,...), des plantes que vous aimez, du budget que vous voulez allouer à cette réalisation et du temps que vous comptez consacrer aux travaux de plantation et d'entretien. Il a également pour but de vous permettre d'évaluer le plus justement possible les atouts et les faiblesses de votre balcon ou de votre terrasse.

Conseil :

L'avis du spécialiste

Une fois que tous vos travaux de dessin sont terminés et que votre plan final est réalisé, vous pouvez montrer ce résultat à un professionnel (paysagiste, responsable de jardinerie, pépiniériste,...).Il pourra vous donner un avis éclairé sur votre travail de conception et sur votre choix de plantes. Le cas échéant, il pourra aussi vous soumettre quelques nouvelles idées.

Dressez un état des lieux

La toute première étape consiste à dresser un état des lieux le plus précis possible. Il vous permettra de déterminer avec exactitude tous les éléments (favorables ou défavorables) dont vous disposez au départ.

Parmi les différents points importants à reprendre sur cette liste, doivent notamment figurer :

- les problèmes à résoudre : devez-vous vous isoler d'un voisin trop proche (ou trop curieux...) ? Ou vous isoler de l'animation et du bruit de la rue ?

- vos principales envies : préférez-vous les couleurs vives et chatoyantes ou voulez-vous plutôt privilégier une ambiance calme et sereine ? Aimeriez-vous aussi créer un petit coin potager, voire cultiver des herbes aromatiques ?

Cela étant fait, dessinez une première esquisse de votre surface sur une grande feuille de papier. Notez-y (si possible à l'échelle - du papier millimétré vous y aidera) tous les éléments importants : les emplacements des portes et fenêtres qui donnent sur la terrasse, les structures permanentes (p.e. les cloisons entre voisins), les vues que vous désirez mettre en valeur ou, au contraire, camoufler,... Et tant que vous y êtes, n'oubliez pas d'y ajouter une rose des vents, avec les points cardinaux.

Conseil :

Ne perdez pas le nord !

Pour connaître l'orientation de votre balcon sans boussole, rien de plus simple. Sachez que le soleil se lève toujours à l'est, se trouve au sud à midi et se couche à l'ouest. Autre manière de procéder : prenez le plan de votre ville, recherchez votre rue et la situation de votre maison : sachant que le nord se trouve toujours vers le dessus du plan, vous pouvez aisément déterminer l'orientation de votre appartement et de votre terrasse. Et si vous êtes noctambule, repérez l'étoile polaire qui, elle, indique toujours le nord.

Une fois que ce croquis de base est réalisé, passez à l'étape suivante et cernez au mieux les problèmes à résoudre, les faiblesses de votre surface et son potentiel.

Poursuivez l'inventaire

Cette nouvelle étape doit vous servir à encore mieux déterminer les inconvénients et les forces de votre surface, ses possibilités,... C'est donc le moment idéal pour noter sur votre croquis :

- **l'ombre et le soleil :** précisez les zones ombragées ou ensoleillées aux différentes heures de la journée. Au moment des plantations, ces indications vous permettront de disposer vos fleurs et plantes en respectant leurs besoins naturels tout en créant un cadre général plus confortable.

- **les vents dominants :** indiquez sur votre plan la direction des vents dominants que vous désirez atténuer.

- **les vues depuis la terrasse :** reportez aussi sur votre croquis les vues que vous désirez conserver ou mettre en valeur, mais également celles qui vous déplaisent et que vous souhaitez camoufler (d'autres bâtiments, des pylônes électriques, une voie de chemin de fer ou de RER,...).

- **les vues depuis l'intérieur :** faites attention à ce que vous voyez depuis l'intérieur de votre habitation, confortablement installé au salon ou dans la salle à manger. La vue est-elle agréable ou pas ? Existe-t-il des éléments à mettre en valeur ou d'autres à occulter ?

- **l'éclairage urbain :** notez ensuite la position des éclairages urbains (y compris les éventuelles enseignes lumineuses) et l'impact qu'ils ont tant sur votre terrasse qu'à l'intérieur de votre habitation. Les éclairages nocturnes sont-ils gênants ? Devez-vous donc prévoir un écran de verdure afin de protéger la fenêtre de votre chambre ? Les phares des voitures illuminent-ils votre salon à chaque passage de véhicule ?

- **le bruit et les odeurs :** la végétation peut également constituer un écran efficace contre le bruit (celui de la circulation automobile ou du voisinage, par exemple) et contre les odeurs (la cuisine des voisins ou celle d'un restaurant tout proche,...). Notez soigneusement sur votre plan d'où viennent ces nuisances

Conseil :

Le soleil ne brille pas de la même manière pour tout le monde

N'oubliez pas que l'intensité et la direction des rayons du soleil varient fortement en fonction des saisons. Au cœur de l'été, l'ouest et le sud sont les zones les plus ensoleillées et les plus chaudes. Si vous habitez dans une région où les étés sont relativement frais, vous pouvez merveilleusement tirer parti de la chaleur de ces zones. En revanche, si vous habitez une région plus chaude, vous installerez peut-être dans ces mêmes zones des grandes plantes qui vous apporteront un ombrage bienvenu.

Votre croquis doit maintenant être complet. Doivent s'y trouver tous les éléments positifs et tous les éléments négatifs qui se rapportent à votre surface extérieure : bruit, vents, ensoleillement, éclairage nocturne, vues,...

Munis de ce précieux document, vous allez maintenant pouvoir visiter les jardineries et arpenter les allées des pépiniéristes. Tout l'art de l'étape suivante sera d'associer le plus harmonieusement possible les plantes que vous aimez avec les besoins et les impératifs déterminés par votre terrasse et par votre observation attentive de celle-ci.

ACTE 2

Choisissez vos plantes !

Comment choisir parmi plus de 6 000 plantes ?

Puisque vous possédez un balcon ou une terrasse, vous n'allez bien entendu pas vous faire livrer un ou deux camions de bonne terre pour l'étendre sur la surface que vous comptez décorer, planter et fleurir. Mais vous allez beaucoup plus sagement créer un splendide jardin en pots, en associant différentes plantes dans un même pot et en combinant toute une série de récipients différents. Nous reparlerons d'ailleurs plus en détail de la diversité des récipients et des meilleurs choix à faire.

Dans un premier temps, intéressons-nous plutôt aux plantes que vous allez acheter dans un commerce spécialisé. Vous avez un choix extraordinaire : il existe plusieurs milliers d'espèces de plantes sur le marché.

Les facteurs sonnent toujours trois fois

Le choix des plantes que vous allez utiliser pour la plantation des bacs dépend de trois facteurs objectifs (en plus de votre goût personnel, qui reste un facteur subjectif) :

- **la durée de vie** que vous attendez des plantes choisies ;
- **la durée du décor** que vous voulez créer (un décor saisonnier ou permanent) ;
- **le type de décoration** que vous souhaitez réaliser (uniquement des feuillages décoratifs, un mélange de feuillages décoratifs et de floraisons, etc.).

Enfin, un quatrième facteur doit aussi intervenir lorsque vous serez amené à choisir vos plantes ; il s'agit de la situation dans laquelle elles se trouveront une fois plantées : l'exposition à la lumière, à la chaleur, au froid, à la pollution atmosphérique, etc.

Ce n'est qu'en tenant compte étroitement de tous ces éléments qu'il vous sera possible de déterminer avec précision quels types de végétaux répondent le mieux à vos besoins, à vos attentes et à vos envies. Les catalogues des plus grandes jardineries, mais aussi (et surtout !) les conseils avisés des spécialistes, vont vous aider à mieux cerner les plantes qui peuvent le mieux vous convenir.

Les goûts et les couleurs...

Reste un facteur essentiellement subjectif : votre goût personnel !

Les questions de styles et de goûts ne sont jamais très faciles à trancher et il faut bien reconnaître qu'à moins d'une faute de goût flagrante, les réponses ne sont jamais définitives et font rarement l'unanimité.

Conseil :

Tous les goûts sont dans la nature

Généralement, on conseille de favoriser une ou deux couleurs (ou familles de couleurs) principales. Idéalement, elles doivent être mises en valeur par de beaux feuillages. C'est incontestablement l'une des plus élégantes manières de décorer une terrasse. Ceci dit, partant du principe que tous les goûts sont dans la nature, rien ne vous empêche de vous laisser aller à la fantaisie la plus débridée. Vous aimez les terrasses monochromes ? N'hésitez pas à vous faire plaisir ! Vous appréciez plutôt une débauche de couleurs ? Foncez dans ce sens-là ! Une seule contrainte, dans ce cas : essayez que toutes les couleurs soient plus ou moins de même intensité.

Voici quelques suggestions générales qui vont vous aider lors de la conception de votre jardin en pots :

- **pensez aux couleurs :** les couleurs chaudes et vives ont tendance à réchauffer l'atmosphère, mais une combinaison de vert et de blanc vous garantira un effet apaisant ;
- **pensez aux formes :** n'hésitez jamais à jouer avec les formes des plantes, à créer des harmonies ou provoquer des contrastes. Schématiquement, les plantes se classent en trois grandes catégories : les plantes rampantes (le lierre, etc.), les plantes pointues (le muflier, etc.) et les plantes en boules (la lavande, etc.) ;
- **pensez à la répétition :** n'hésitez jamais non plus à répéter les mêmes plantes, voire les mêmes couleurs. Sans exagération, tout de même... ;
- **pensez à l'ancien et au moderne :** choisissez votre style en fonction de l'environnement (votre immeuble est-il d'architecture très moderne ou plus classique, voire ancien ?), de votre mobilier et de votre décoration intérieure (êtes-vous avant-gardiste ou préférez-vous le rustique ?). Une terrasse contemporaine sera du meilleur effet si le cadre général s'y prête bien. Mais une autre terrasse offrant un décor plus patiné peut également être merveilleuse ;
- **pensez au rapport d'échelle :** plus votre surface disponible est importante et plus vous pourrez utiliser des grands pots ou des longues jardinières ;

Décor permanent ou saisonnier : optez pour une durée

Même si le choix est plus restreint en hiver et dans les régions les plus froides, il est possible de trouver des plantes en pots pour toute l'année. Reste à savoir le type de décor qui vous séduit le plus. Avez-vous envie d'un décor saisonnier ? Ou préférez-vous un décor permanent ?

Le décor saisonnier

Pour d'évidentes raisons pratiques (essentiellement un manque de place disponible), les plus petits balcons et les rebords de fenêtres ne peuvent accueillir qu'un décor saisonnier. Dans la plupart des cas, celui-ci sera constitué de plantes annuelles, bisannuelles ou bulbeuses.

Conseil :

Succombez à la tentation

L'une des manières de faire évoluer un décor saisonnier en un décor (quasi) permanent est de modifier vos plantations au fil des saisons. Dès qu'une plante perd de son attrait (et donc de son intérêt), remplacez-la par une autre, plus belle et plus fleurie. Une manière comme une autre d'avoir toujours un superbe balcon et... de succomber aux tentations du marché sans avoir mauvaise conscience...

Le décor permanent

Les balcons plus vastes et les terrasses sont nettement plus propices à la création de décors permanents. Un décor permanent peut parfaitement être complété par un décor saisonnier.

Le premier crée une structure de base, un fond de couleurs et de verdure, qui évolue en fonction des saisons, mais qui reste cependant en place toute l'année. Et même pour plusieurs années. Greffé dessus, le second apporte quelques belles touches colorées qui sont appelées à compléter l'aspect décoratif et l'esthétique de l'ensemble.

En fonction de la place dont vous disposez, le décor permanent permet de créer un écran aussi joli qu'efficace, qui protège votre terrasse de l'animation de la rue, du regard des voisins ou d'un environnement peu agréable à l'œil.

Il est essentiellement constitué de conifères, de plantes grimpantes, de plantes vivaces, voire de certains arbustes.

Conseil :

Une belle terrasse, 365 jours par an

Si vous habitez une région où les hivers sont doux et que vous désirez que votre terrasse présente un attrait naturel tout au long de l'année, placez-y des pots contenant des plantes à feuillage persistant : des buis, des genévriers rampants, des conifères nains, etc. Pour agrémenter leur base, ajoutez dans les pots des plantes à bulbes (des muscaris ou des crocus sont parfaits). Autre possibilité : du lierre (attention : le lierre ne peut pas parasiter la plante principale).

Seul bémol : comme le décor permanent regroupe généralement beaucoup de végétaux différents, il nécessite souvent beaucoup de soins et d'entretien. Et exige donc que vous y consacriez beaucoup de temps.

4 SAISONS DE PLANTES EN POTS

Printemps	Été	Automne	Hiver
Azalées	Dahlias	Camélias	Cyclamens
Jonquilles	Hémérocalles	Chrysanthèmes	Épicéas nains
Primevères	Œillets d'Inde	Nandines	Primevères
Soucis	Tournesols	Pensées	Sapins

Suggestion :

Découvrez la nature

Transformez votre terrasse en espace nature didactique ! Surtout si vous avez des enfants, un décor permanent installé en milieu urbain peut se transformer en une formidable « leçon de choses ». Il peut être l'objet d'une initiation à la nature et de découvertes écologiques. En plus de son attrait esthétique, ses possibilités didactiques ne doivent donc pas être négligées.

Éléments naturels : tenez compte de votre situation

Lorsque vous avez établi le plan de votre terrasse (plan que vous avez bien entendu soigneusement conservé), vous avez notamment indiqué avec précision les zones d'ensoleillement et les zones d'ombre, ainsi que la direction des vents dominants.

C'est maintenant que ces indications vont vous être très utiles...

Ô soleil, soleil...

L'ensoleillement d'un balcon ou d'une terrasse est très variable. Il évolue bien entendu en fonction des moments de la journée, mais aussi au fil des saisons.

Conseil :

Jeux d'ombre et de soleil

Toutes les plantes ont besoin de lumière pour grandir et s'épanouir. En l'absence de lumière naturelle, elles s'étiolent et leur floraison est nettement moins abondante. Mais toutes n'éprouvent pas les mêmes besoins. En règle générale, la plupart des plantes aiment être placées en plein soleil pendant au minimum six heures par jour. Cependant, certaines plantes préfèrent l'ombre. Soit pour quelques heures, soit pour la journée complète.

La règle essentielle pour réussir des plantations à l'ombre consiste – fort logiquement – à y disposer des végétaux qui apprécient l'ombre. À ce titre, une hellébore, un camélia, du muguet, des pervenches, un fuchsia, des bégonias ou un cœur de Marie sont tout à fait représentatifs... et superbes ! De même que certaines roses qui – à l'instar de la Blush Noisette ou de la Pierre de Ronsard – ne sont jamais aussi belles que dans l'ombre.

Bref, ne soyez surtout pas inquiet : il existe des dizaines de plantes d'ombre, tour à tour appréciables pour leurs formes, la qualité de leur feuillage ou leurs couleurs. Ne boudez donc pas les zones d'ombre qui s'étirent sur vos balcons et terrasses : elles peuvent devenir de magnifiques coins de verdure, elles aussi !

L'orientation joue aussi un rôle important à ce point de vue.

Ainsi, au nord, il y aura peu (voire pas) de soleil et la luminosité sera réduite. C'est aussi au nord que les ombres seront les plus froides. Dans ces conditions, privilégiez des végétaux qui ne demandent que peu de lumière : certains conifères, les fougères, les plantes de terre de bruyère, etc. N'oubliez pas le jasmin d'hiver dont les petites fleurs jaunes égaieront votre terrasse durant tout l'hiver.

Si votre balcon est orienté au sud-ouest ou au sud-est, l'ensoleillement est abondant en début ou en fin de journée, selon le cas, et en fonction de la saison. Bonne nouvelle : cela vous permet la plantation de quasiment tous les végétaux.

Conseil :

Direct ou indirect

Lorsque les rayons du soleil sont directs, ils éclairent les végétaux de manière assez vive, mais demeurent tout de même supportables pour les plantes. Par contre, lorsque les rayons sont indirects (réfléchis par une vitre, un mur, etc.), leur intensité est plus élevée et peut avoir un impact nuisible sur le développement de vos plantes : brûlures, nécroses, etc. Il est cependant possible d'atténuer cet effet en créant un ombrage (à l'aide d'un store, d'une pergola, etc.) ou en plaçant des conifères et des arbustes près des surfaces réfléchissantes.

« On dirait le Sud » (air connu)

Si votre terrasse est orientée plein sud, votre choix de végétaux est beaucoup plus large. Mais vous devez sélectionner en priorité ceux qui exigent le plus de soleil et de chaleur.

Même s'il s'agit de l'exposition préférée de la grande majorité des plantes à fleurs, l'orientation « plein sud » n'est toutefois pas sans dangers ou contraintes. Ainsi, vous devez savoir que certaines couleurs (et notamment celles des roses) peuvent éventuellement souffrir d'une trop forte exposition au soleil : contrairement à ce que l'on pourrait imaginer, elles peuvent devenir moins éclatantes. D'autre part, la réverbération du soleil sur un mur blanc est tout simplement redoutable. Même pour les plantes méditerranéennes que l'on pense pourtant habituées au soleil étincelant. La règle est simple : partant du principe que « trop est l'ennemi du bien », un ensoleillement excessif ne peut que... porter ombrage au bon développement et à la bonne santé de vos plantes.

Du vent dans les voiles...

Les courants d'air, très fréquents en milieu urbain et surtout là où se dressent des immeubles-tours, sont néfastes pour presque toutes les plantes (excepté les oliviers qui aiment le vent, mais il y a peu de chance que vous ayez un olivier séculaire sur votre terrasse d'appartement). Le vent provoque habituellement la chute prématurée des feuilles, ce qui nuit à leur bon développement.

Il est cependant tout à fait possible d'atténuer ces effets en disposant un brise-vent du côté des vents dominants. Attention : celui-ci doit diminuer la violence ou l'intensité du vent, mais pas le stopper complètement. L'arrêt brutal des courants d'air risque en effet de provoquer des petits tourbillons.

Vous pouvez aussi opter pour un brise-vent naturel, constitué de végétaux (beaucoup plus sympathique et agréable sur le plan esthétique) : un bel écran constitué de conifères, de plantes grimpantes ou d'arbustes à feuillage persistant a un effet esthétique incontestable (il valorise les végétaux placés plus en avant), mais est aussi d'une réelle efficacité.

Conseil :

Résistance avant tout

Sur les balcons et terrasses où les vents continuent de s'engouffrer violemment malgré la présence d'une protection, il faut privilégier les végétaux dont les rameaux et les feuillages sont très résistants.

À ce stade, d'autres éléments doivent aussi entrer en ligne de compte. L'un des plus importants est la pollution atmosphérique...

Les plantes face à la pollution urbaine

Dans nos villes, les végétaux qui sont plantés sur les balcons et terrasses sont exposés à toutes les pollutions atmosphériques. On peut même dire, sans risque d'exagération, qu'ils sont aux premières loges pour « profiter » pleinement des résidus chlorés, des résidus sulfurés (venant notamment des systèmes de chauffage) et des oxydes d'azote (produits par la circulation automobile). Comme si cela ne suffisait pas, les malheureuses plantes qui n'en demandaient pourtant pas tant doivent aussi faire face aux polluants véhiculés par le vent (notamment tous les polluants chimiques utilisés par l'agriculture dite « traditionnelle »), qui se déposent sur les feuilles et obstruent les stomates (des micro-organismes de l'épiderme des feuilles des végétaux vasculaires qui servent aux échanges gazeux) par lesquels les plantes doivent respirer.

Certaines feuilles, très délicates, font immédiatement savoir que l'environnement pollué ne leur convient pas : elles se couvrent assez vite de petites taches, tour à tour jaunes ou brunes. Puis elles tombent et la plante périclite.

Il existe cependant un moyen relativement efficace pour éliminer les résidus de polluants atmosphériques : il suffit de nettoyer régulièrement les feuilles de vos plantes en utilisant un peu d'eau tiède et un chiffon. En fonction de l'ampleur de vos plantations, le travail peut être assez long ou fastidieux, mais le résultat en vaut la peine si vous aimez réellement avoir de la verdure sur votre balcon.

Conseil :

Choisissez des plantes robustes

Lors de l'aménagement de votre terrasse, orientez-vous vers des végétaux peu délicats, qui se caractérisent par un feuillage coriace, épais et résistant. C'est l'une des meilleures manières de lutter contre les attaques de plus en plus violentes de la pollution atmosphérique urbaine.

Autre possibilité : le bassinage des plantes. Une méthode qui limite le dépôt de suies et de poussières et qui peut être pratiquée tout au long de l'année, sauf en période de gel.

Belles associations : mariez-les !

Chaque plante possède des caractéristiques spécifiques. Des particularités qui la différencient de toutes les autres. Mais toutes les plantes, harmonieusement associées entre elles, peuvent créer des décors de toute beauté, des compositions originales ou somptueuses, des ensembles décoratifs tout au long de l'année.

Lors de l'aménagement d'un balcon ou d'une terrasse, il est toujours judicieux d'associer des végétaux dont les floraisons s'échelonnent tout au long de ce que l'on appelle parfois la « bonne saison ». Comprenez : du printemps jusqu'à l'automne.

Palette de couleurs

Tenez aussi compte de l'incroyable palette de nuances colorées qui existe dans la nature et ... dans le commerce. Les couleurs doivent se marier avec harmonie. L'ensemble doit être attrayant et aucune couleur ne peut écraser les autres.

Dans certains cas, les feuillages décoratifs (qu'ils soient caducs ou persistants) jouent un important rôle décoratif. Ils peuvent même assurer un magnifique relais entre la fin d'une floraison et le début d'une autre.

Conseil :

Pensez aux conifères

Les coloris et la persistance du feuillage des conifères contribuent toujours à créer une belle unité dans une composition. Pensez-y !

Une autre possibilité s'offre encore à vous : nombreux sont les arbustes qui possèdent de ravissants rameaux décoratifs. Vous pouvez y associer ceux dont les baies colorées animeront votre terrasse durant une partie de l'hiver.

Vive la solution de facilité !

Il ne faut pas toujours chercher la complication ou se casser la tête pour obtenir de beaux résultats. Parfois, la solution de facilité permet de créer un magnifique décor qui tiendra pendant tout l'été.

Certaines plantes peuvent être plantées seules et sont alors du plus bel effet. Mais elles peuvent aussi être associées à d'autres pour créer des décors tout à fait splendides.

Dans le tableau suivant, vous allez découvrir plusieurs plantes annuelles qu'il est possible de planter seules, en pots ou en bacs (à l'exception des bégonias, toutes peuvent aussi être plantées dans des paniers). Mais diverses combinaisons sont également possibles. Les couleurs et l'imagination restent plus que jamais au pouvoir !

BELLES COMBINAISONS DE FLEURS ANNUELLES

Numéro	Plante	Combinaisons possibles avec les n[os]
1	Alysse	2, 3, 5, 6, 8
2	Bégonia	1, 5
3	Géranium	1, 5, 7, 8
4	Impatiens	5
5	Lobélie	1, 2, 3, 4, 6, 7
6	Pensée	1, 5
7	Pétunia	3, 5
8	Verveine	1, 3

Priorité au feuillage persistant

Si vous avez la chance d'habiter dans une région où les hivers sont agréablement doux, vous pouvez aussi installer des plantes à feuillage persistant dans des pots et les laisser dehors toute l'année. Elles créeront ainsi, du 1er janvier au 31 décembre, un beau décor permanent sur votre terrasse.

Dans les pots de plus grandes dimensions (c'est-à-dire ceux dont le diamètre dépasse 35 cm), des genévriers rampants, des buis (songez aux topiaires, ces magnifiques buis sculptés par des mains d'artistes), des conifères nains, etc., seront du plus bel effet. Et cet effet sera encore accentué si, au pied de ces plantes, vous installez du lierre (attention à ce que celui-ci ne parasite pas la plante principale) ou quelques plantes à bulbes : crocus, muscaris, etc.

En résumé...

- Pensez à créer un décor qui durera le plus longtemps possible et, en tout cas, au minimum du début du printemps jusqu'à l'automne.
- Pensez aussi à associer les plantes en fonction de leurs périodes de floraison et de leurs couleurs.
- Ne cherchez pas toujours des formules ou des combinaisons trop compliquées : les solutions de facilité ont parfois du bon.
- Les plantes à feuillage persistant peuvent faire sensation toute l'année.

Plantes faciles et plantes « tendance » : simplifiez-vous la vie

Comme beaucoup d'autres secteurs désormais entièrement aux mains du commerce, le jardinage n'échappe pas aux phénomènes de mode. Malheureusement, peut-être ! Tant il est vrai qu'il n'est pas rare que – sans toujours prendre en considération leurs besoins réels, ni la santé des plantes – certains jardiniers amateurs se laissent parfois séduire par quelques belles photos sur papier glacé ou par des textes dithyrambiques découverts au fil de magazines.

Pour aménager votre balcon ou votre terrasse, vous pouvez opter pour des plantes à classer dans la catégorie des « valeurs sûres ». De ces plantes indémodables qui ont fait le ravissement des générations précédentes sans perdre une once de leur éclat.

Vous pouvez aussi opter pour des plantes plus « tendance », à condition de les acheter chez des spécialistes, qu'elles soient bien adaptées à leur nouvel environnement et que vous sachiez comment les soigner et, parfois, les maîtriser (certaines d'entre elles peuvent atteindre des tailles difficilement conciliables avec la surface d'une terrasse).
Il peut être en effet particulièrement intéressant de mélanger les grands classiques et quelques plantes plus sophistiquées, plus « mode » ou plus « tendance ».

Pour mettre de la couleur sur votre terrasse, vous avez le choix entre des plantes annuelles, à bulbes, grimpantes, vivaces et des arbustes.

Avant de passer à certaines plantes plus exotiques ou plus « tendance », passons en revue les plus belles possibilités dans les diverses catégories ci-dessus. Toutes les plantes présentées sont faciles à trouver dans les commerces spécialisés et, la plupart du temps, tout aussi faciles à planter et à cultiver. Bref, que du bonheur !

Touche de couleur annuelle

Les annuelles fleuries sont particulièrement bien adaptées à la culture en pots. Ces plantes permettent d'ajouter de superbes petites touches de couleurs aux endroits généralement les plus en vue ou les plus fréquentés.

Conseil :

Harmonie avant tout

Pour mettre vos annuelles fleuries particulièrement bien en valeur, harmonisez le type de plante à la forme du pot. Magnifique effet garanti !

Certaines plantes annuelles (les alysses, par exemple) forment d'extraordinaires cascades fleuries et colorées, idéales pour les paniers suspendus et pour les jardinières. D'autres, plus basses et plus compactes, doivent être plus spécifiquement consacrées à la culture en pots. Si vous multipliez les variétés d'annuelles, vous devriez avoir toujours des plantes fleuries à placer bien en vue sur votre terrasse.

10 plantes annuelles « coup de cœur »

Certes, le choix est toujours un peu subjectif. Cependant, tout le monde s'accorde à reconnaître que les annuelles ci-dessous restent particulièrement attrayantes et intéressantes :

- les **bégonias** sont très intéressants si vous avez des zones ombragées à fleurir (les bégonias à fleurs rouges apprécient cependant le soleil) ;

- comme chacun le sait, les **soucis** arrivent facilement. Et se cultivent tout aussi facilement. Avec leurs fleurs jaunes ou orange (plus rarement blanches), les jeunes plants (ou les graines) doivent être installés en plein soleil. Les soucis sont également très attractifs en fleurs coupées ;

- on pourrait penser qu'il s'agit de marguerites, et pourtant ! Les **cosmos** présentent un délicat feuillage léger et de grandes fleurs blanches, lavande, roses, violettes ou bicolores. D'autres variétés possèdent des fleurs jaunes, orange ou rouges. Si la place dont vous disposez est réduite, vous pouvez opter pour des cosmos nains (les autres atteignent aisément 1,5 m de hauteur) ;

- les **delphiniums** (surnommés « pieds d'alouette ») présentent une extraordinaire gamme de blancs, de bleus, de roses et de pourpres. Parfaits dans les endroits semi-ombragés, les delphiniums se plantent et se cultivent facilement. Attention à leur taille : certains atteignent 1,20 m de hauteur ;

- les **pavots de Californie** ne vous feront planer que par leur beauté. La plupart du temps, les fleurs oscillent entre le jaune et l'orange ;

- les fleurs du **pois de senteur** sont très parfumées et présentent une large palette de couleurs (à l'exception du bleu et du vert). Elles sont donc aussi à recommander pour la confection de jolis bouquets de fleurs coupées. Comme il s'agit d'une plante grimpante, le pois de senteur a souvent besoin d'un support : une palissade, un treillage, etc. Il existe cependant certaines variétés buissonnantes. Dans un cas comme dans l'autre, le pois de senteur apprécie la caresse du soleil ;

- les **chrysanthèmes** ne sont pas uniquement des fleurs de cimetière et ils sont d'ailleurs de plus en plus appréciés en tant que plantes décoratives. Très florifères, les chrysanthèmes se cultivent facilement au départ de jeunes plants ou de graines ;

- les **impatiens** apprécient les espaces ombragés. Les fleurs présentent souvent des tons vifs, tandis que le feuillage est bicolore ou vert foncé ;

- classiques parmi les classiques, les **géraniums** ont toujours la cote auprès des jardiniers amateurs. Ce sont d'ailleurs des plantes magnifiques pour garnir le rebord des fenêtres, surtout s'il s'agit d'un environnement champêtre ou rustique. Préférant le plein soleil ou une légère ombre, les géraniums sont d'une folle générosité au niveau de leurs couleurs : ils présentent tour à tour des fleurs blanches, orange, roses, rouges ou bicolores ;

Astuce :

Protégez-vous des moustiques !

Si vous habitez une région où les moustiques se montrent particulièrement agaçants ou agressifs, plantez des géraniums ! En plus de leur beauté naturelle, ceux-ci présentent l'avantage supplémentaire d'éloigner les moustiques de votre maison, de votre terrasse ou de votre balcon. Et si vous n'appréciez pas les géraniums, sachez que la citronnelle leur fait exactement le même effet.

- certains prétendent qu'il s'agit d'une plante envahissante, mais la **capucine** a toujours les faveurs des jardiniers. Jolies feuilles arrondies et belles fleurs crème, jaunes, orange, rouges ou roses sont ses principaux atouts. Sans parler du fait qu'il s'agit d'une plante facile à cultiver et qui apprécie autant le plein soleil que les zones semi-ombragées.

- Vous pouvez aussi penser aux **mufliers** (aussi appelés « gueules-de-loup »), à la verveine, aux lobélias (superbes nuances de bleus !), etc.

Faites des bulbes !

Vous n'avez pas beaucoup de chance avec vos plantations ? C'est que vous n'avez pas encore lu tout cet ouvrage ! Et que vous n'avez pas encore eu l'occasion de cultiver des plantes à bulbes.

L'avantage de ces dernières réside dans le fait que les bulbes concentrent les réserves accumulées à la belle saison ; réserves qui seront nécessaires à la plante au cours de l'hiver.

Conseil :

Bien choisir et bien planter vos bulbes

Le premier conseil d'achat est de ne pas systématiquement vous laisser séduire par des promotions a priori alléchantes (et souvent bien décevantes au moment du résultat des plantations) qui permettent à certains commerçants de liquider un stock de bulbes invendus.

Le deuxième conseil à suivre est le suivant : achetez toujours des bulbes de qualité chez un spécialiste de confiance ! En règle générale, les plus gros bulbes sont les meilleurs. Certes, ils sont habituellement un peu plus chers à l'achat que les bulbes de plus petite taille, mais ils vous garantissent en principe une superbe floraison.

Enfin, respectez les quelques règles suivantes :

- évitez les bulbes spongieux ou mous (signes de pourriture), de même que ceux qui sont fripés ;
- préférez les bulbes rebondis et bien fermes ;
- pour chaque catégorie de plante, choisissez de préférence les bulbes les plus gros (les petits bulbes donnent de petites floraisons).

La plantation des bulbes est facile, surtout dans les pots peu profonds. Deux règles sont impérativement à observer :

- plantez les bulbes à une profondeur correcte (à une profondeur égale à trois fois leur diamètre) ;
- positionnez-les dans le bon sens (la partie la plus étroite et pointue doit être dirigée vers le haut).

10 plantes à bulbes « coup de cœur »

Ici encore, le choix reste un peu subjectif. Il n'en est pas moins vrai que les plantes présentées sont aussi attrayantes que faciles à cultiver :

- les très nombreuses variétés de **bégonias** sont incontestablement à classer parmi les plus belles plantes à fleurs. Que vous aimiez les fleurs de petite ou de grande taille, vous trouverez toujours un bégonia fait pour vous. Les avantages : non seulement les fleurs offrent une très large palette de couleurs (à l'exception du bleu et du vert), mais le feuillage, assez charnu, est aussi très décoratif. En outre, le bégonia est une plante qui se plaît vraiment en pot, et disposée en zone semi-ombragée ;

- fleurissant au printemps, le **muguet** est généralement très parfumé (contrairement au muguet de serre vendu chez les fleuristes chaque 1er mai). Voilà une plante à bulbes qui présente de nombreux attraits : un parfum agréable, une croissance rapide, un port assez dense et une bonne tenue en tant que couvre-sol ;

- très à l'aise sous un climat doux, les **freesias** se déclinent en de nombreux coloris. Certains d'entre eux dégagent aussi un parfum agréable ;

- il est quasiment impossible de répertorier toutes les formes et toutes les tailles des **dahlias**, tant il y en a. Certaines inflorescences ont la forme d'une petite boule, d'autres prennent des allures d'étoiles et dépassent parfois 20 cm de largeur. Soleil et arrosages réguliers sont quasiment les seules choses exigées par cette belle plante ;

- merveilleusement parfumées, les **jacinthes** présentent des petites fleurs en forme de clochettes et aux belles couleurs blanche, bleue, jaune, rose, rouge ou violette. Elles conviennent parfaitement pour les plantations en pots. Petit paradoxe : si elles doivent être plantées en plein soleil (ou en mi-ombre), elles aiment les hivers froids ;

- si vous appréciez les plantes élégantes, il vous faut impérativement des **iris**. Si vous ne disposez que de peu de place, préférez les variétés les plus petites : les iris s'étagent entre 15 cm et 1,20 m de hauteur. Seule contrainte : leur arrosage doit être régulier. Mais, en contrepartie, ils se propagent assez facilement et offrent une belle palette de coloris ;

- élégance encore, avec les **lis** qui portent des fleurs magnifiques, en forme de trompette. Vous disposez d'un immense choix de coloris (sauf le bleu). Deux remarques importantes : d'une part, les racines doivent être à l'ombre, mais le haut de la plante au soleil, et, d'autre part, leur arrosage doit être régulier pendant les périodes les plus chaudes. Attention à leur taille qui peut atteindre 1,80 m de hauteur ;

- les **perce-neige** sont les premières fleurs à annoncer les beaux jours et apparaissent dès le tout début du printemps. Ils sont du plus bel effet au pied des arbustes ;

- très classiques, mais toujours appréciées, les **tulipes** offrent aussi une large palette colorée (à l'exception du bleu) et sont parfois multicolores ;

- champêtres à souhait, les petites **renoncules** sont généralement vivement colorées. Plantées en plein soleil, elles atteignent une hauteur variant entre 30 et 60 cm.

- Pensez aussi aux **cannas** et aux **arums** (qui, tous deux, prennent parfois de sympathiques petites allures exotiques et tropicales), aux **jonquilles** et aux **narcisses**, aux **nivéoles** (qui sont assez proche du perce-neige), etc.

Conseil :

L'hiver en terrasse ou au sec

À l'exception des bulbes de tulipes qui sont un peu plus délicats, vous pouvez laisser tous les autres bulbes en pots durant toute l'année. Toutefois, si vous désirez les déplanter pour faire de la place dans vos jardinières, vous pouvez les rouler dans un fongicide en poudre, puis les stocker au sec jusqu'à leur prochaine plantation. À ce moment, vous vous apercevrez peut-être que des bulbilles se sont formées sur certains de vos bulbes. Désolidarisez-les et replantez-les séparément. Cela vous fera encore plus de fleurs... sans avoir à débourser un euro.

Les plantes grimpantes : des joyaux à surveiller

Les plantes grimpantes peuvent être du plus bel effet sur une terrasse... à condition de maîtriser leur croissance et leur prolifération (pensez à vos voisins qui n'apprécient peut-être pas ce genre de plantes sur leur balcon). Leur grand avantage réside dans le fait qu'elles sont multiusages : elles peuvent camoufler une paroi laide ou abîmée, décorer un mur, créer un écran efficace qui protège du voisinage, ombrager votre terrasse, etc.

Dans tous les cas, les plantes grimpantes ont besoin d'un support pour se développer : une autre plante, un treillage quadrillé, un treillage en éventail, un filet en plastique, une pergola, un support mural, etc.

Sachez cependant qu'il existe trois grands types de plantes grimpantes :

- les plantes volubiles : comme la vigne, qui possède des sortes de « vrilles » à la base des feuilles ;
- les plantes qui s'agrippent : à l'instar du lierre, qui parvient à s'agripper sur toutes les surfaces ;
- les plantes qui s'étalent : à l'image des rosiers grimpants, qu'il est nécessaire de palisser.

Conseil :

Des grimpantes à utiliser judicieusement

Quasiment toutes les plantes grimpantes permettent d'assurer un très beau décor. Comme la plupart d'entre elles poussent à la verticale, il est possible de les installer dans des espaces relativement restreints ; là où d'autres plantes n'auraient aucune chance de s'épanouir. Attention cependant au fait qu'avec l'âge et leur mode de fixation, certaines d'entre elles peuvent devenir problématiques : trop envahissantes, trop lourdes pour leur support, etc.

10 plantes grimpantes « coup de cœur »

Parmi un nombre incroyable de possibilités, il faut notamment retenir :

- classique parmi les classiques, le **lierre** a le quadruple avantage d'être persistant, vigoureux, facilement adaptable et à croissance rapide. De cette dernière particularité, il découle qu'il faut le surveiller attentivement et ne pas hésiter à le tailler. Inconvénient majeur : cette plante risque d'endommager son support si celui-ci n'est pas très solide ;

- appréciée pour ses magnifiques couleurs automnales, la **vigne vierge** est une plante grimpante caduque qui n'hésite pas à partir à l'assaut des supports les plus difficiles. Avantage : elle apprécie le soleil, mais aussi l'ombre ;
- très élégante, la **glycine** se pare au printemps de fort jolies grappes pendantes. Ses fleurs, mauves et parfumées, complètent un très beau feuillage vert vif. La glycine est idéale pour garnir et ombrager une pergola… si celle-ci est assez solide pour supporter la plante ;
- elles sont belles et, en plus, elles sont comestibles : les **capucines** vous offrent tout au long de l'été (et même plus longtemps dans les régions qui bénéficient d'un climat doux) des fleurs aux coloris très vifs ;
- contrairement à ce que son nom pourrait laisser penser, le **ficus rampant** est bel et bien une plante grimpante, persistante. Un mur représente son support favori. Son feuillage est particulièrement décoratif ;
- planté en mi-ombre, le **jasmin** a une croissance rapide et est tout indiqué pour la décoration de votre pergola ou de vos treillages. Attrait supplémentaire : cette plante va embaumer vos printemps grâce à son très agréable parfum ;
- avec son charme un tantinet désuet, le **pois de senteur** apprécie le soleil, mais les climats doux. Il a besoin d'une structure sur laquelle grimper (treillage, filet, etc.). Son parfum est délicieusement enivrant ;
- spectaculaires, les **bougainvillées** ne peuvent que vous séduire par leur floraison tout simplement éblouissante.

Non seulement les fleurs sont de toute beauté, mais le feuillage ajoute aussi à l'aspect décoratif de la plante. Seul problème : les bougainvillées ont besoin d'un large espace pour se développer ;

- souvent caducs, les **clématites** vous offrent un éventail incroyable de possibilités : il existe des dizaines et peut-être même des centaines de variétés différentes. Faites cependant attention à leur hauteur : elles peuvent facilement atteindre 4 m de hauteur ;

- enfin, la **vigne** reste envers et contre tout la plante grimpante la plus indiquée pour couvrir un treillage ou décorer une pergola. Ses feuilles de toute beauté, son tronc noueux aux formes compliquées et tortueuses et ses fruits en font un maître-choix.

- Parmi les nombreuses autres possibilités, n'oubliez pas les **ipomées** (leurs principaux avantages sont une croissance très rapide et une floraison tout au long de l'été. Leur inconvénient majeur est... de taille : jusqu'à 4,5 m de hauteur) et le **jasmin étoilé** (si vous habitez dans une région bénéficiant d'un climat doux. Attention aux tiges qui peuvent atteindre 6 m de hauteur).

Vive les vivaces !

Les vivaces sont des plantes merveilleuses : elles sont capables de vivre longtemps, de faire des nouvelles pousses et de fleurir pendant plusieurs années. Chaque année, les vivaces renaissent au printemps et semblent encore plus splendides que l'année précédente.

Parmi leurs principaux avantages, il faut essentiellement souligner une extraordinaire diversité de fleurs et un nombre au moins aussi surprenant de variétés.

Cultivées pour leurs fleurs, mais aussi pour leur feuillage qui est parfois de toute beauté, les vivaces possèdent encore un attrait non négligeable, surtout dans les zones à climat froid : elles commencent leur floraison alors que les plantes annuelles commencent à peine à germer.

Des plantes qui se plaisent en pot

Si elles sont les reines des massifs et des plates-bandes, sachez cependant que les vivaces ne sont pas réservées à ceux qui possèdent un jardin. De nombreuses vivaces se plaisent en pots, surtout dans les régions qui bénéficient d'hivers assez doux.

Parmi les principales plantes vivaces que vous pouvez cultiver sur votre terrasse, on peut mentionner : les fougères, les asparagus, les lavandes, les hostas ou les agapanthes.

Conseil :

Réussissez votre potée !

Lorsque vous plantez des vivaces en pots, pensez à les mélanger. Variez les formes, les dimensions et les couleurs des fleurs. Pour cela, choisissez un pot d'une taille suffisante (au moins 35 cm de diamètre) et arrosez-le chaque jour (voire même deux fois par jour si le temps est particulièrement chaud).

10 plantes vivaces « coup de cœur »

Voici, une nouvelle fois, une petite sélection « coup de cœur » qui vous aidera à réussir de splendides potées et à égayer votre terrasse :

- si vous appréciez les beaux feuillages, les **hostas** sont faits pour vous ! Souvent panachées ou ondulées, les feuilles offrent un fond naturel de toute beauté aux épis fleuris qui apparaissent aux beaux jours. Avant d'acheter des hostas, renseignez-vous sur leur taille : disposez-vous de la place suffisante pour les accueillir ? ;
- petites fleurs, mais gros bouquets : voilà comment on pourrait résumer les **phlox**. Dès le milieu de l'été et jusque vers la fin des beaux jours, les petites fleurs blanches, roses, saumon ou violettes, parfument délicieusement tout leur environnement. Plantés en plein soleil, les phlox atteignent une hauteur variant entre 60 cm et 1,20 m ;
- aux premiers jours du printemps, les petites fleurs blanches immaculées des **corbeilles d'argent** apparaissent et enjolivent n'importe quelle terrasse. Hautes de 10 à 30 cm, les corbeilles d'argent se plantent en plein soleil ;

- elles font penser à de splendides marguerites jaunes, mais il n'en est rien. Il s'agit des **coreopsis**, qui possèdent un attrait qu'apprécient tous les jardiniers débutants : ce sont des plantes extrêmement faciles à cultiver, qui fleurissent dès le printemps et jusque vers la fin de l'été. Attention à leur taille qui peut avoisiner 90 cm de hauteur ;

- les **gaillardes** font également songer aux marguerites. Elles associent généralement – et avec quel bonheur ! – le jaune et le rouge. Point fort de cette plante : une floraison particulièrement abondante ;

- jamais deux sans trois : les **asters** font aussi penser aux marguerites. Ils sont particulièrement intéressants si vous voulez poursuivre une floraison après les beaux jours : les asters fleurissent dès la fin de l'été et en automne. Une seule contrainte : il est vivement conseillé de les diviser tous les deux ans ;

- s'épanouissant dès le printemps, les **heucheras** combinent un joli feuillage lobé et de ravissants épis floraux blancs, rouges ou roses. Si vous habitez dans des régions chaudes, sachez qu'elles apprécient les zones mi-ombragées ;

- un joli feuillage grisâtre finement découpé, une culture d'une facilité déconcertante et de très belles fleurs blanches, jaunes ou rouges qui s'épanouissent en été : voilà les **achillées**. Avant l'achat, renseignez-vous auprès de votre pépiniériste préféré : si certaines variétés d'achillées atteignent 1,50 m de hauteur, d'autres sont d'excellents couvre-sols ;

- on a parlé plus haut des corbeilles d'argent. Voilà maintenant les jolies **corbeilles d'or**. Dès le printemps, le feuillage grisâtre se couvre de belles fleurs jaune d'or. L'effet est superbe ! Elles ont l'avantage de pouvoir supporter une relative sécheresse, mais l'inconvénient de s'étaler : ne vous laissez pas dépasser par les événements ! ;

- le nom est assez compliqué, mais la culture est très facile : les **rudbeckias** sont très florifères et développent, en été et en automne, de belles fleurs acajou, brun-marron, jaunes ou orange. Attention : les rudbeckias ont une légère tendance à envahir l'espace qui leur est dévolu... et même plus ! Un jardinier averti en vaut deux...

- Mais aussi... Si vous aimez les vivaces, vous pouvez sélectionner les **penstemons** (magnifique floraison printanière), les **hémérocalles** (préférez les espèces parfumées) ou les **armoises** (qui sont belles et valorisent les plantes alentour).

Du côté des arbustes

Si vous possédez une terrasse, il y a peu de chances que vous ayez songé à planter l'un ou l'autre arbuste. À lui seul, le nom fait parfois un peu peur : un arbuste doit dans tous les cas disposer de beaucoup de place, croit-on parfois à tort.

Question de définition

La première chose à faire est de savoir ce que l'on entend exactement par « arbuste ». Pour les spécialistes, ce terme recouvre en réalité une assez large variété de plantes tour à tour caduques ou persistantes. Les arbustes peuvent

aussi bien être des plantes basses au port étalé (un peu à la manière d'une plante couvre-sol) que des petits arbres aux troncs multiples.

La plupart du temps, ils possèdent de réelles qualités ornementales, grâce à leurs feuilles (jolies teintes automnales), leurs fleurs (éclatantes de couleurs) ou leurs fruits (parfois délicieux et souvent colorés).

Conseil :

Plein la vue !

Lors de l'achat d'un arbuste, vous devez garder en mémoire que cette plante sera toujours bien visible sur votre terrasse. Par sa taille, l'arbuste dominera quantité d'autres plantes et attirera toujours votre regard. Vous devez donc choisir avec beaucoup de soin sa forme, son type de feuillage, sa taille à l'âge adulte, etc., car il sera sans cesse sous vos yeux.

Ne voyez pas trop grand !

Pour vous qui possédez une terrasse, la taille d'un arbuste à l'âge adulte est un critère tout à fait essentiel. Il est en effet inutile – tant pour la bonne santé et le développement des autres plantes que pour d'évidentes raisons esthétiques – d'encombrer tout votre espace avec un seul arbuste.

Évitez donc les arbustes qui atteignent ou dépassent 3 m de haut. Préférez ceux qui ont une taille basse à moyenne (entre 30 cm à 1,50 m).

Conseil :

Une taille peut en cacher une autre...

La hauteur adulte des plantes généralement donnée par les guides pratiques ou les fiches des pépiniéristes n'est qu'une simple indication. Tout au plus peut-elle vous donner une idée de la taille réelle finale de la plante. La taille adulte d'une plante est habituellement plus grande quand la saison est chaude et longue. Elle sera par contre un peu inférieure dans les régions où les étés sont courts.

10 arbustes « coup de cœur »

Parmi les arbustes de petite taille (max. 1,50 m) que l'on peut conseiller sur une terrasse, il faut notamment mentionner :

- indétrônable classique, le **buis** remporte toujours un vif succès. Un succès d'autant plus mérité que cette plante persistante vous offre 365 jours de verdure et de bonheur. Si la plupart des variétés prennent une teinte brunâtre en cours d'hiver, le «Green Beauty » et le « Winter Gem » restent d'un extraordinaire vert brillant tout au long de l'année. Ils sont donc à privilégier sur les terrasses ;

- si vous habitez une région où les étés sont relativement secs, pensez aux **cistes**, robustes et persistants : ils se contentent de peu d'eau, mais produisent cependant de fort jolies fleurs blanches, rouges ou roses. Attention à la taille : certaines espèces atteignent 1,80 m de hauteur ;

- si la plupart des **spirées** vous offrent des jolies petites fleurs blanches printanières, il n'en reste pas moins qu'il existe un très grand nombre de variétés de cette plante. Toutes, cependant, apprécient d'être installées en plein soleil ;

- la plupart des **genévriers** font d'excellents couvre-sols, mais certains d'entre eux ont des formes plus arbustives tout à fait intéressantes ;

- vous appréciez les feuilles blanches et généreusement parfumées ? Le **gardénia** est fait pour vous ! Lors de la plantation, gardez en mémoire que cette plante apprécie les sols relativement acides : pensez-y lors du choix de vos produits ;

- persistants ou caducs, les **berbéris** sont connus pour leur résistance et la beauté de leurs baies rouges. Certaines variétés sont surtout utilisées en haies défensives (ce dont vous n'avez pas besoin sur votre terrasse), mais d'autres apprécieront la culture en pots pour autant que – comme pour les autres arbustes, d'ailleurs – les racines puissent s'épanouir sereinement et trouver tous les éléments nutritifs nécessaires ;

- vous habitez une région où les hivers sont rudes et froids ? Pensez à la **potentille** : un fort joli buisson aux fleurs colorées et au feuillage vert vif. Plantée en plein soleil, cette plante vous offrira de magnifiques couleurs (fleurs ou feuillage) du printemps à l'automne ;

- l'**abelia** est une plante appréciée non seulement pour ses belles petites fleurs blanches, mais surtout pour son feuillage brillant et verdoyant. En hiver, les feuilles de cette plante persistante virent au rouge pourpre : magnifique ! ;

- facile à entretenir, appréciant le plein soleil, le **pin nain** mugo se plaît aussi bien en groupe qu'isolé. Un bon choix pour une terrasse... si vous maîtrisez sa croissance : sa taille varie entre 1,20 et 2,40 m de hauteur ;

- très décoratif, le **nandina** est une plante persistante dont les tiges rappellent vaguement celles du bambou. Cette plante est particulièrement jolie en automne : elle vire complètement au rouge. Au printemps, ses petites fleurs blanches (suivies de baies rouges) sont aussi de toute beauté.

Suggestion :

Essayez-vous à l'art topiaire !

Vous avez un buis sur votre terrasse ? Pourquoi ne pas vous essayer à l'art topiaire ? Grâce notamment à un feuillage robuste et persistant, le buis est la plante idéale pour être taillée selon votre envie, vos sujets préférés et... votre talent. De la simple boule classique à la représentation de votre compagnon à quatre pattes, en passant par tous les thèmes possibles et imaginables, le buis se plie à toutes les fantaisies pour peu que vous songiez à le tailler entre le début du mois de mai et la mi-octobre. À noter que le lierre peut aussi être taillé de la même manière, même si c'est un peu plus difficile.

Suggestion :

Et pourquoi pas un hêtre ou un mélèze ?

Vous aimez les arbres ? Posséder un mélèze, un hêtre, un tilleul, un frêne ou un orme a toujours été l'un de vos rêves ? Concrétisez-le sans hésitation ! Grâce à diverses manipulations en pépinière (mais il ne s'agit heureusement pas de plantes OGM !), vous pouvez désormais planter et cultiver une large gamme d'arbres nains sur votre terrasse. On ne parle pas ici de bonsaïs, mais bien d'arbres miniaturisés qui, malgré leur petite taille, seront du plus bel effet dans votre nouvel espace de verdure. Cette suggestion est aussi valable pour un certain nombre de sapins qui se plaisent bien en pots et qui, à l'époque des fêtes de fin d'année, peuvent se parer de leurs habits de fêtes : guirlandes, boules, etc.

Une touche d'exotisme, peut-être ?

Mode aidant, vous trouverez aussi un vaste choix de plantes exotiques dans la plupart des pépinières et jardineries. Certes, de telles plantes peuvent apporter une petite touche supplémentaire bien sympathique à l'ensemble de vos plantations. Certes, aussi, il peut être très amusant d'avoir du bambou ou de l'eucalyptus qui pousse sur sa terrasse.

Ne vous laissez cependant pas tenter trop facilement : contrairement à ce que laissent croire certaines publicités, toutes les plantes exotiques ne sont pas adaptées à nos climats. Vous ne ferez pas leur bonheur en les installant sur votre terrasse. Elles ne feront pas non plus votre bonheur car elles péricliteront rapidement.

Plus encore que pour les plantes traditionnelles, bien adaptées à nos régions, l'achat d'une plante exotique ne peut se faire sur un coup de tête ou un coup de cœur. Ce doit être un achat réfléchi, sachant aussi que certaines d'entre elles ont une nette tendance à grignoter tout l'espace dont elles peuvent disposer. Si vous envisagez un tel achat, le meilleur conseil que l'on puisse vous donner est de ne vous adresser qu'à un pépiniériste spécialisé (n'achetez jamais une plante exotique dans une grande surface où le rayon jardinage n'est qu'un rayon parmi bien d'autres) qui saura vous guider au mieux.

Bonsaï !

Timidement d'abord, les premiers bonsaïs ont fait leur apparition dans nos régions il y a vingt ou trente ans. Succès aidant, ils ont ensuite investi les rayonnages des fleuristes. Même certaines grandes surfaces disposant d'un rayon jardinage s'y sont mises.

Las ! On ne s'improvise pas vendeur de bonsaïs du jour au lendemain. Mal conseillés lors de l'achat et tout aussi mal renseignés sur les soins à apporter, de nombreux clients ont fini par jeter la plante, jurant mais un peu tard qu'on ne les y reprendrait plus... Peut-être avez-vous, vous aussi, vécu une mauvaise expérience...

La première chose à savoir, c'est qu'un bonsaï n'est vraiment pas une plante comme les autres. Et elle n'a en tout cas rien à voir avec les ormes, frênes, tilleuls, etc., miniaturisés que l'on peut facilement trouver en pépinières. Pour les spécialistes et les véritables amateurs du genre, un bonsaï est plus qu'une plante : il s'agit d'une œuvre d'art et, à tout le moins, de l'œuvre d'une vie.

Un bonsaï s'achète chez un spécialiste avec lequel vous pourrez réfléchir à la plante qui vous convient le mieux, discuter de l'emplacement idéal, des soins journaliers ou saisonniers à apporter, des tailles à effectuer, etc. Celui-ci pourra aussi vous épauler (ou même vous remplacer) si vous ne savez pas effectuer certains soins (voire rattraper les dégâts que vous auriez involontairement commis...) et, souvent, pourra jouer la baby-sitter lorsque vous partez en vacances.

« Salade de fruits, jolie, jolie... » (air connu)

Il ne faut pas nécessairement jouir d'une grande propriété ou disposer d'une orangerie pour savourer tous les plaisirs d'une... orange pressée bien fraîche dégustée chaque matin au saut du lit. Les agrumes tels que le bigaradier, le citronnier, l'oranger ou le mandarinier se prêtent fort bien à la culture en pots. À quelques petites précautions près...

Les uns comme les autres doivent être plantés dans des grands pots (des récipients aussi larges que profonds) et bénéficier d'une terre légère et bien drainée. N'oubliez jamais d'ajouter régulièrement un peu d'engrais organique.

Le froid ne pose pas un réel problème, sauf si vous habitez dans une région où les hivers sont rudes. De courtes périodes proches de 0°C ne feront pas véritablement de mal à vos agrumes. Ils méritent toutefois d'être un peu plus protégés que d'autres plantes lorsque le mercure plonge sous la barre de 0°C (surtout le pamplemoussier, qui est le plus fragile de tous).

Prudence :

Plaisir des yeux avant tout !

Même si vous êtes accro à l'orange pressée du petit déjeuner, les agrumes plantés en pots et disposés sur les terrasses doivent d'abord être appréciés pour leur beauté. Ne vous faites pas trop d'illusions : votre oranger, pamplemoussier, citronnier, mandarinier, etc., ne donnera peut-être pas de fruits, surtout si vous n'habitez pas dans le Midi ou en zone méditerranéenne. Qu'importe ! Ces agrumes compensent largement leur manque de fruits par une beauté sans faille et par des parfums souvent enchanteurs en période de floraison.

Souvenir de vacances

De retour de vacances dans le Midi, vous revenez chez vous avec la tête remplie d'images d'eucalyptus. Ce n'est plus une terrasse que vous voulez, c'est un véritable maquis !

Il n'est pas impossible de concrétiser votre rêve ! Privilégiez une jeune plante de la variété « Eucalyptus gunnii » qui s'adapte relativement facilement à la culture en pot, et offrez- lui un récipient d'au moins 50 X 50 cm rempli de terre non calcaire. Bien entendu, vous placerez cette plante à l'endroit le plus ensoleillé de votre terrasse.

Le coup de bambou

S'il existe une plante « mode » et « tendance », c'est bien le bambou ! C'est pourtant une plante piège : sous des lignes qui semblent graciles, le bambou est tout simplement redoutable, notamment si on le cultive en pot. Ses racines ont en effet tendance à tout détruire sur leur passage, y compris les poteries et parfois le dallage des terrasses. Bref, voilà une plante idéale pour se fâcher avec son propriétaire, le syndic d'immeuble et les voisins. À moins... À moins que vous n'optiez très sagement pour une variété naine qui vous causera nettement moins de tracas...

Conseil :

Prudence avant tout !

Même si vous optez pour un bambou nain, vérifiez régulièrement que les racines ne sont pas en train de fendre le pot et de s'échapper vers des horizons qu'elles croient plus prometteurs. Si c'est le cas, la seule solution est de les couper, puis de rempoter le bambou dans un pot de plus grandes dimensions. Sachez encore que le bambou est l'une des rares plantes à supporter et même apprécier les bacs en plastique qui permettent de garder la terre toujours humide.

Le mont des Oliviers au cœur de la ville

Depuis que l'huile d'olive connaît un formidable regain d'intérêt auprès des consommateurs, les oliviers sont apparus comme par miracle dans les jardineries et autres pépinières. L'huile d'olive est à la mode, les oliviers le sont donc aussi !

Cet arbre, jadis sacré et chargé de symbolisme, est aujourd'hui la proie des « marchands du Temple ». Et il est malheureusement devenu bien rare de trouver un arbre en bon état.

Un olivier n'est jamais aussi heureux que dans sa terre d'origine. Cependant, si on vous en offre un, autant tout faire pour qu'il se sente à l'aise chez vous. Et notamment :

- plantez-le isolé dans un pot dont le diamètre est équivalent à celui de la ramure de l'arbre ;

- offrez-lui un mélange de terreau, de terre de jardin et de sable ;

- placez-le en plein soleil, mais n'ayez pas peur s'il y a du vent (il adore ça !) et si les températures chutent : en principe, un olivier accepte des températures descendant jusque – 5 °C environ. Que cela ne vous empêche cependant pas de le surveiller et de le chouchouter : il le mérite ! ;

- s'il a la nostalgie de sa terre d'origine et qu'il semble dépérir, ne vous désespérez pas trop vite et – surtout ! – ne le jetez pas. Offrez-lui une petite cure de vitamines (c'est-à-dire de l'engrais adéquat), voire un pot d'une taille supérieure, et taillez-le sans excès (et cela quelle que soit la saison) : il y a de fortes chances pour qu'il soit sensible à vos petites attentions et qu'il reprenne vigueur.

ACTE 3

Le matériel de base sans se ruiner

Le petit outillage indispensable : équipez-vous !

Les choses avancent bien ! Vous avez donc dessiné le plan de votre terrasse. Vous avez attentivement feuilleté les catalogues des meilleurs pépiniéristes, notant au passage les plantes qui vous séduisaient le plus. Grâce aux bons conseils du responsable de votre jardinerie, vous avez fait une judicieuse sélection de plantes qui décoreront et embelliront bientôt votre « jardin suspendu » personnel.

Ah ! Encore une chose importante avant de songer aux engrais, substrats et autres composants naturels ou artificiels : l'outillage !

Soyons très clairs : il ne faut surtout pas vous encombrer de tout un matériel (souvent assez onéreux) que certains responsables de jardinerie essayeront de vous faire acheter, même si vous n'en avez pas l'utilité. Ces outils superflus vous encombreront toujours : vous ne saurez jamais où les ranger. La tondeuse à gazon, le motoculteur, la débroussailleuse, le râteau à gazon, la broyeuse de branches, la pelle, la brouette,... ne sont vraiment pas faits pour vous ! Laissez-les donc à ceux qui ont les plaisirs – mais aussi les corvées – des jardins à la campagne.

De votre côté, vous avez essentiellement besoin de petits outils à main que l'on peut répartir en deux grandes catégories : le matériel de plantation et le matériel d'entretien.

Le matériel de plantation

Sous cette première rubrique se retrouvent seulement trois outils réellement essentiels qui vous éviteront de... vous planter :

- **le transplantoir :** il s'agit d'une petite pelle tout à fait indispensable pour repiquer les jeunes plants, mettre de la terre dans les pots et désherber. À l'achat, préférez toujours les modèles en acier qui sont plus solides et nettement plus durables que ceux en résine de synthèse. Choisissez aussi un transplantoir adapté à votre main : il doit être léger et confortable à l'utilisation

- **le plantoir à bulbes :** cet outil de forme cylindrique se termine en pointe. Il facilite grandement la plantation des bulbes en creusant un trou d'un diamètre suffisant, sans déplacer de terre. Dans les commerces spécialisés, vous vous apercevrez vite qu'il existe quantité de modèles de plantoirs à bulbes. Les plus sophistiqués enlèvent une partie du substrat tout en le gardant, ce qui facilite le rebouchage du trou après la pose du bulbe

- **la petite bêche :** ne voyez pas trop grand ! Une bêche pliable ou de la taille d'une bêche pour enfant est amplement suffisante pour l'usage que vous en aurez. Un outil plus grand ne fera que vous encombrer et vous compliquer la vie, même s'il fait plus « sérieux ». La principale fonction de cet outil sera le bêchage du substrat contenu dans les gros pots et les plus grandes jardinières avant la plantation. Il facilitera aussi la plantation des végétaux possédant une grosse motte de terre autour de leurs racines

Le matériel d'entretien

Cette seconde catégorie d'outils comprend un peu plus d'ustensiles que la précédente. Mais pas de panique ! L'investissement reste tout à fait raisonnable et ces outils, bien adaptés au jardinage en terrasse, ne vous encombreront pas vraiment. N'hésitez donc pas à vous équiper correctement : vous aurez plus de facilité et de plaisir en jardinant sur votre terrasse. Voici donc les outils et accessoires essentiels :

- **le râteau :** ne vous encombrez surtout pas d'un grand râteau (type râteau à gazon) ! Il s'agit ici, tout simplement, d'un petit râteau qui vous permettra de rassembler les feuilles, les branches, les déchets verts,... suite à vos divers travaux de jardinage. Il vous permettra aussi de niveler les surfaces de terre afin de les rendre plus meubles avant la plantation ou les semis

- **le sécateur :** il en existe une multitude de modèles qui s'adaptent à différents types d'utilisation. Grosso modo, on distingue 2 grandes catégories de sécateurs : les sécateurs à enclume qui coupent en pressant une lame contre une enclume métallique (ces sécateurs sont généralement les moins chers, mais pas nécessairement les plus efficaces) et des sécateurs à lames, très prisés par les jardiniers, dont les lames se croisent et coupent comme des ciseaux. Choisissez prioritairement un sécateur qui vous permettra tout à la fois de couper les tiges tendres des plantes annuelles et les petits rameaux des arbustes. Il doit aussi vous offrir un véritable confort de travail

- **la binette :** composée d'une lame en fer ou de 2 dents, la binette vous sera utile lors de l'arrachage des plantes fleuries et des plantes de saison. Elle vous permettra aussi d'ameublir le substrat appauvri en surface afin de faciliter son évacuation et son remplacement

- **la griffe :** elle vous permet de travailler le sol sur une profondeur de 1 à 3 cm environ. Elle est très utile pour casser la croûte formée en surface au cours des arrosages successifs, facilite le désherbage et permet l'égalisation de la surface du sol sans déranger le système radiculaire

- **les arrosoirs :** dans votre cas, les arrosoirs sont plus intéressants qu'un tuyau d'arrosage. Idéalement, vous devez en acquérir 2. Le premier, d'une contenance de 15 à 20 litres, facilite le transport de l'eau et l'arrosage des plus grands pots. Le second, d'une contenance de 3 à 5 litres et disposant d'un bec plus fin, permet l'arrosage plus précis des pots et des vasques de petite taille

- **le pulvérisateur :** voilà un accessoire dont vous choisirez la contenance en fonction de vos plantations. Il vous sera très utile pour traiter vos plantes contre les maladies ou les parasites. Certains modèles possèdent une petite poignée qui, actionnée, diffuse le produit. D'autres, de contenance plus importante, sont mis sous pression au moyen d'une pompe avant la pulvérisation

Protégez vos mains !

Un jour ou l'autre, vous éprouverez l'envie (et le besoin) d'acheter une paire de gants. Histoire de ne pas toujours avoir les mains pleines de terre, de ne pas vous enfoncer des épines dans les doigts,... Ne tergiversez pas et achetez des gants de qualité. Ils doivent être « faits à votre main », c'est-à-dire être confortables. Ils doivent être suffisamment épais pour protéger vos mains, mais pas trop rigides pour ne pas vous empêcher de manipuler plantes, bulbes ou outils.

Conseil :

Un gant pour chaque usage

Le matériau dans lequel les gants sont confectionnés est également important. Chaque matériau est adapté à un usage spécifique. Les gants en latex ou en PVC vous permettent de travailler avec l'eau. Les gants en kevlar (ou autre matériau synthétique) sont indiqués lorsque vous manipulez couteaux ou scies (ce qui sera rarement votre cas sur un balcon ou une terrasse). Les gants en coton renforcés par du cuir conviennent pour tous les travaux courants : privilégiez ceux-ci pour les travaux en terrasse.

Où faire son shopping ?

Maintenant que la liste de vos outils et accessoires est établie, il ne vous reste plus qu'à trouver les bons fournisseurs. Ne faites pas comme certains jardiniers qui se ruent sur les premières promotions venues et rechignent à acheter du matériel de bonne qualité sous prétexte qu'il est un peu plus cher que les outils bas de gamme. Leur calcul n'est pas bon : acheter un outil représente toujours un investissement. En choisissant un outil de qualité, vous êtes certain de le conserver longtemps en bon état (moyennant un entretien régulier) et d'en avoir une totale satisfaction, voire même du plaisir.

Deux grands types de magasins sont intéressants pour l'achat de vos outils de jardinage :

- **les magasins spécialisés dans l'outillage :** ils disposent généralement d'une assez large gamme d'outils de jardinage. Seul bémol : ceux-ci sont parfois perdus entre les groupes électrogènes, les bétonneuses, les outils pour électriciens ou plafonneurs,...

- **les jardineries :** en plus de vous offrir une large gamme de plantes, bulbes et graines, en plus de vous fournir des conseils souvent judicieux, les meilleures jardineries vous proposent aussi des outils de jardinage, des accessoires utiles,... et jusqu'à des éléments décoratifs, des engrais,...

Un gage de longue vie

Vous le constatez : dans votre cas, il est tout à fait inutile d'avoir une large panoplie d'outils encombrants sous la main. Mieux vaut avoir quelques outils seulement, mais du matériel de bonne qualité et judicieusement choisi.

Pour conserver longtemps votre matériel en bon état et pour qu'il fonctionne correctement, il est cependant nécessaire de l'entretenir soigneusement. Voici donc le b.a.-ba de l'entretien :

- nettoyez et séchez vos outils après chaque utilisation

- si vos outils ont des manches en bois, conservez ceux-ci secs et sains : lorsqu'ils commencent à s'user, poncez le vernis, puis appliquez plusieurs couches d'huile de lin en laissant bien pénétrer chaque couche

- protégez toutes les têtes métalliques contre la rouille : brossez les parties métalliques avec une brosse en fer. Appliquez régulièrement un produit antirouille et recouvrez-le d'une couche de peinture (elle doit aussi être antirouille)

- faites régulièrement aiguiser les lames : les lames des sécateurs peuvent facilement être changées si cela s'avère nécessaire

Conseil :

Une goutte d'alcool ne fait jamais de tort !

Après chaque utilisation, passez les lames de votre sécateur à l'alcool. Cela évitera la propagation de maladies.

En résumé…

- Ne vous encombrez pas avec du matériel inutile, mais privilégiez les outils essentiels que vous pourrez ranger facilement.
- Choisissez toujours du matériel de qualité qui vous garantira confort d'utilisation, longévité et travail optimal.
- Ne vous laissez séduire ni par les promotions fracassantes consenties sur du matériel médiocre, ni par les outils de luxe que vous n'oserez utiliser de peur de les abîmer.
- Entretenez soigneusement et régulièrement tous vos outils.

Choisissez les bons récipients

Vous auriez aimé profiter d'un « vrai » jardin ? Ne regrettez surtout rien ! Les avantages d'un « jardin en pots » sont nombreux.

D'abord, il n'existe probablement de meilleur moyen de pouvoir observer les plantes de (très) près et donc de les connaître sur le bout de leur feuillage. D'autre part, le fait de disposer d'une certaine quantité de pots vous permet de varier le décor du balcon ou de la terrasse en fonction de votre humeur ou de vos envies du moment (en prenant toutefois en compte le bien-être et les besoins spécifiques de vos plantes : lumière, ensoleillement, vent,...).

Reste à choisir les bons récipients. De nombreux critères objectifs ou plus subjectifs entrent ici en jeu. Commençons par des critères d'ordre esthétique...

T'as de belles formes, tu sais...

Globalement, la forme des récipients n'a absolument aucune incidence sur le développement de vos plantes. Ils peuvent être ronds, carrés, ovales, rectangulaires, polygonaux,... : la plante s'en moque éperdument. Par contre, les dimensions (et, par voie de conséquence, le volume de terre dont bénéficieront les racines) sont essentielles.

Le choix de la forme d'un récipient (pot, vasque ou jardinière) doit essentiellement être fait en fonction de la terrasse et du style de l'habitation. Un immeuble plus ancien ou « de style » s'accommodera plus facilement de bacs ronds et de vasques d'aspect classique. Mais un bâtiment résolument moderne, voire avant-gardiste, préfèrera des bacs plus géométriques : carrés, rectangulaires ou polygonaux.

Les goûts et les couleurs...

La couleur des récipients – qu'elle soit naturelle ou peinte – doit dans tous les cas s'harmoniser aux revêtements des murs, dallages,...

D'une manière générale, les récipients de couleur claire (blanc, beige clair ou gris) mettent en valeur les végétaux ainsi que la forme des récipients. Avantage supplémentaire : ils s'accordent généralement à la plupart des styles et des coloris des habitations. Inconvénient majeur : ils sont salissants (les éclaboussures dues aux arrosages et à la poussière causent des traînées et des dépôts peu esthétiques).

Légèrement plus foncés, les récipients dits « mi-clairs » (beige foncé, brun clair ou ocre) sont moins sensibles aux marques de poussière et d'arrosage et s'harmonisent, eux aussi, à quasiment tous les styles d'habitation et tous les végétaux.

Enfin, les récipients foncés (brun foncé ou vert foncé généralement) mettent idéalement en valeur la toute grande majorité des végétaux. Ils sont cependant très sensibles aux taches causées par les traitements contre les maladies. Ceux-ci contiennent en effet souvent du cuivre qui laisse des marques sur les récipients foncés.

Beaucoup de vasques et certains pots présentent des motifs en relief. L'idéal est d'associer étroitement le motif du relief à la région (Midi, bord de mer,...) ou au style de l'habitation. Pour cette raison, l'utilisation de ces récipients n'est pas toujours très facile.

Conseil :

Contenant et contenu

Lorsque vous achetez une plante, renseignez-vous systématiquement sur la manière dont elle va développer ses racines. Cela vous permettra ultérieurement de choisir un récipient parfaitement adapté à ses besoins. Une règle est à retenir : c'est le contenant qui soit s'adapter à la plante, et non l'inverse.

En plus de ces critères esthétiques, d'autres facteurs plus techniques entrent aussi en ligne de compte. L'un des plus important se rapporte aux dimensions des récipients...

Un récipient de taille

Les dimensions d'un récipient doivent être adaptées au type de végétaux que vous voulez y cultiver : fort logiquement, un arbuste a besoin d'un plus grand pot qu'une petite fleur annuelle.

LES DIMENSIONS UTILES DES RÉCIPIENTS			
Type de végétaux	**Hauteur récipient**	**Largeur récipient**	**Hauteur drainage**
Arbustes	40 à 60 cm, voire plus	40 à 50 cm	5 à 15 cm
Bonsaïs	3 à 5 cm	en fonction de l'âge	1 à 2 cm
Plantes annuelles	15 à 40 cm	15 à 20 cm	-
Plantes aromatiques	15 à 40 cm	15 à 20 cm	-
Plantes bisannuelles	15 à 40 cm	15 à 20 cm	-
Plantes à bulbes	15 à 40 cm	15 à 20 cm	-
Plantes grimpantes	40 à 60 cm, voire plus	40 à 50 cm	5 à 15 cm
Plantes vivaces (ptes)	15 à 40 cm	15 à 20 cm	-
Plantes vivaces (grdes)	40 à 60 cm, voire plus	40 à 50 cm	5 à 15 cm

À noter que le tableau ci-dessus est conçu pour la plantation de végétaux de même type. Si vous mélangez des plantes de différents types dans un même récipient, basez-vous sur le végétal le plus grand.

La hauteur du drainage a son importance. Pour un développement optimal des racines, la terre doit être convenablement drainée et laisser suffisamment de place pour l'air. Un pot dépourvu de trou de drainage, ou dont le trou de drainage est bouché ne convient pas : l'eau risque de s'accumuler au fond du pot (elle y stagne et peut être responsable d'odeurs désagréables) et provoquer le pourrissement des racines.

Conseil :

Comme sur des roulettes

Plus un pot est volumineux, plus il est lourd et difficile à manipuler. Vous hésiterez peut-être à le changer de place lorsque vous modifierez le décor de votre terrasse. Pour vous faciliter la vie, équipez-le d'un sous-pot à roulettes qui vous permettra de le déplacer facilement et sans effort.

Les divers matériaux : avantages et inconvénients

Aujourd'hui, vous trouverez dans les commerces spécialisés des récipients construits dans les matériaux les plus divers, naturels ou synthétiques. Chaque matériau possède ses avantages et ses inconvénients. À vous de faire la balance des deux en fonction de vos besoins et de vos impératifs, mais aussi en tenant compte de vos envies et de vos goûts.

- **les récipients en terre cuite non vernie** sont très classiques. Ils sont généralement rouge-orange, mais présentent parfois d'autres couleurs (crème, brun,...). Vous en trouverez de toutes les tailles et de toutes les formes mais, dans tous les cas, choisissez ceux qui ont des parois épaisses cuites à haute température : ce sont les meilleurs. Leur avantage principal réside dans leur prix : ils sont très bon marché. Et leurs couleurs naturelles s'adaptent bien à la plupart des styles et des végétaux. Inconvénients principaux : leur grande porosité impose des arrosages plus fréquents et ils sont sensibles au gel (il arrive qu'ils se fendent lorsque le sol gèle)

- **les récipients en terre cuite vernie** offrent une large gamme de coloris à des prix qui restent tout à fait raisonnables. Assez fragiles (c'est leur principal inconvénient), ils retiennent mieux l'humidité que les pots en terre cuite non vernie (de ce fait, vous pouvez légèrement espacer les arrosages)

- **les récipients en bois** présentent une multitude de formes, de styles et de tailles. Ils sont habituellement très solides et résistent bien au froid. En un mot : ils vous feront un grand nombre de saisons et constituent un bon investissement. Ils sont particulièrement indiqués dans les décors rustiques et les jardins naturels. Choisissez des récipients aux parois épaisses (plus de 2 cm d'épaisseur) et n'hésitez pas à surélever le récipient de quelques centimètres (glissez des petits pieds dessous) afin que le fond ne pourrisse pas à cause de l'humidité. Principal inconvénient : un entretien régulier est nécessaire car l'eau favorise le développement de pourritures ; celles-ci réduisant la durée de vie du récipient. Une protection extérieure et intérieure est souvent indispensable

- **les récipients en fonte** sont essentiellement utilisés comme éléments à suspendre. De ce fait, ils n'autorisent pas un poids important et leur utilisation se limite aux plantes annuelles ou bisannuelles. Il existe cependant des récipients en fonte (souvent des vasques) qui peuvent être posés sur le sol, sur une balustrade ou sur un piédestal

- **les récipients en pierre naturelle** (taillés en bacs, en auges, en bains d'oiseaux,...) sont la plupart du temps de toute beauté et ils peuvent réellement apporter un petit « plus » esthétique à une terrasse. Ils présentent cependant 2 inconvénients majeurs : leur poids (ils sont donc déconseillés sur les balcons et la plupart des terrasses) et la difficulté d'évacuer les excès d'eau. Principaux avantages : ils ne demandent pas d'entretien particulier et tolèrent aussi bien les mousses que les poussières qui, en patinant la pierre, ajoutent encore à l'effet décoratif

- **les récipients en pierre reconstituée** (mélange de morceaux de pierre naturelle fixés entre eux grâce à un liant) se rapprochent de ceux en pierre taillée mais présentent 2 inconvénients : ils sont lourds et sensibles aux chocs. Pour contrebalancer leurs inconvénients, ils présentent aussi 2 avantages non négligeables : ils sont disponibles dans une large palette de formes et de tailles et ne nécessitent pas d'entretien particulier (un brossage de temps à autre suffit)

- **les récipients en fibro-ciment** paraissent assez froids au premier abord, mais ils se patinent au cours des années et prennent alors des teintes plus chaudes (vous pouvez éventuellement leur appliquer une couche de peinture, pour autant que cette dernière s'harmonise avec l'environnement immédiat : balustrade, châssis, mobilier de jardin,...). Ils sont généralement très appréciés sur les balcons et terrasses, sont d'un poids raisonnable et d'un prix qui l'est tout autant. En outre, comme ils résistent bien au gel, ils permettent la culture d'un grand nombre de végétaux et de plantes fleuries

- **les récipients en béton peint** et **gravillons lavés**, disponibles dans de nombreuses formes géométriques (carré, rectangle, polygone,...), s'harmonisent bien avec la plupart des végétaux. Un tel récipient peut être utilisé isolé sur une terrasse : il pourra alors être du meilleur effet. Par contre, ces récipients, très lourds, sont déconseillés sur les balcons

- **les récipients en fibre de verre** sont très prisés par les professionnels du secteur qui aménagent des terrasses. Résistant aux ultraviolets et aux intempéries, ces récipients ont une durée de vie supérieure à celle des bacs en plastique, mais ils sont aussi nettement plus onéreux

- **les récipients en matières plastiques** (résine de synthèse ou PVC) sont disponibles dans une large gamme de formes, de tailles et de coloris. Très légers et faciles d'utilisation, ils présentent cependant un inconvénient : leur manque de stabilité. Certains pots peuvent en effet recevoir des plantes de grande taille. Celles-ci ayant une importante prise au vent et les récipients étant légers, les risques de chute ou de renversement sont bien réels. Lors de l'installation, il faut donc veiller à assurer une parfaite stabilité à l'ensemble.

Suggestion :

Et si vous improvisiez ?

Visiter les jardineries et autres commerces spécialisés à la recherche des pots qui s'harmoniseront le mieux avec votre terrasse et vos plantes est un vrai plaisir. Mais ce n'est pas le seul : pourquoi n'improviseriez-vous pas en... détournant des objets pour en faire des pots originaux et pleins de fantaisie ? Une vieille brouette en bois, un antique seau en bois, une ancienne bouilloire métallique,... peuvent devenir de magnifiques pots. Une seule règle à observer, qui ne bridera d'ailleurs en rien votre fantaisie et votre imagination : chaque récipient doit avoir un trou de drainage dans le fond.

Plantez... le décor !

La mise en place de votre jardin en pots peut être comparée à l'accrochage d'un tableau dans votre salon : faites des essais préalables, déplacez un pot par ici, une autre jardinière par là,... Prenez votre temps et gardez en mémoire qu'en finalité, il n'y a qu'une seule chose qui compte vraiment : le résultat final doit vous plaire !

Voici quelques règles à observer, qui vous aideront à bien placer vos pots et à obtenir un résultat satisfaisant :

- privilégiez toujours un nombre impair de pots (l'effet est plus réussi qu'avec un nombre pair)
- regroupez les récipients d'un même type (en bois, ou en terre cuite,...), mais de tailles différentes
- groupez des pots similaires contenant des plantes identiques
- surélevez certains pots (vous pouvez glisser des briques en-dessous) afin que les plantes qu'ils contiennent soient mises en valeur
- suspendez certains pots, de manière à avoir les plantes (vos fleurs préférées par exemples) à hauteur des yeux
- utilisez beaucoup de pots de tailles, de couleurs et de styles différents si la taille de votre terrasse l'autorise
- entourez un grand pot avec une série de plus petits récipients

En résumé...

- Profitez de la diversité de tailles, de styles, de matériaux et de couleurs pour agrémenter votre terrasse, créer un magnifique décor et adapter les récipients à vos plantes
- Evitez certains matériaux très lourds sur les balcons et les plus petites terrasses : pierre naturelle, pierre reconstituée,...
- N'hésitez jamais à détourner certains objets de leur fonction originelle pour les transformer en pots originaux et ainsi donner une petite touche de fantaisie à votre nouveau décor naturel
- Lors de la mise en place de votre jardin en pots, prenez votre temps et n'hésitez pas à faire des essais, déplacer, remplacer,... jusqu'à ce que le résultat vous plaise réellement

ACTE 4

L'entretien des plantes expliqué aux jardiniers pressés

Les époques et la technique de plantation : suivez le rythme de la nature !

Les choses progressent !
Vous avez acheté les plus belles plantes que vous pouviez trouver chez les pépiniéristes de votre région. Vous avez les outils indispensables sous la main. Et vous avez fait des folies : vos pots, vasques et jardinières sont tout simplement ma-gni-fi-ques !

Ca y est : vous êtes désormais prêt à devenir un nouveau « jardinier urbain ». Le moment est venu de mettre la main à la pâte, ou plutôt... les doigts dans la terre. Allons-y pour les plantations !

Avez-vous un calendrier ?

En pratique, l'époque de plantation des végétaux sur un balcon ou une terrasse dépend essentiellement de deux facteurs : le type de la plante, mais aussi son mode de conditionnement. Ainsi, une plante annuelle s'installe dès le printemps. Mais un arbuste à fleurs peut se planter au printemps ou en automne. Un conifère en motte (c'est-à-dire vendu avec les racines et une motte de terre) se plante exclusivement pendant la période de repos de la végétation (au printemps ou en automne). Mais, s'il est cultivé en conteneur, il peut être planté quasiment toute l'année. Et ainsi de suite pour chaque espèce de plantes...

Découragé ? Un peu perdu ? Pas de panique ! C'est moins compliqué qu'il n'y paraît. Un petit tableau vous permettra déjà de mieux vous y retrouver...

LES ÉPOQUES DE PLANTATION	
Type de végétaux	**Époque de plantation**
Arbustes d'ornement (racines nues)	Printemps (dès la fin du gel jusqu'en mai) et automne (dès octobre jusqu'aux premières gelées)
Conifères (en mottes)	Printemps (dès la fin du gel jusqu'en mai) et automne (dès octobre jusqu'aux premières gelées)
Plantes vivaces (en pots)	Toute l'année (sauf en périodes de gel ou de fortes chaleurs)
Arbustes d'ornement, arbres fruitiers, conifères, plantes grimpantes (en conteneurs)	Toute l'année (sauf en périodes de gel ou de fortes chaleurs)
Plantes annuelles, plantes aquatiques, plantes aromatiques, plants de légumes	Printemps (entre avril et juin, après les dernières gelées)
Plantes bisannuelles, plantes à bulbes	Automne (depuis le mois d'octobre jusqu'aux premières gelées), mais de préférence au printemps dans les régions où les hivers sont particulièrement rigoureux

En outre, n'oubliez jamais de demander conseil à votre pépiniériste ou à l'horticulteur. Professionnel, il saura vous guider et vous conseiller de manière avisée.

Enfin, sachez qu'une jardinerie sérieuse ne vous vendra jamais une plante en dehors de sa période de plantation, qui peut parfois varier d'une région à l'autre en fonction des conditions climatiques et d'ensoleillement.

Un brin de technique

La technique pour la plantation des plantes en pots n'est pas d'une difficulté insurmontable, loin de là. Elle est même franchement à la portée de n'importe quel jardinier amateur ou débutant. N'hésitez plus : lancez-vous !

Voici, en six étapes, la manière de procéder (technique identique pour les jeunes plants de vivaces, d'annuelles, de légumes et d'herbes aromatiques)...

1. Couvrez le trou de drainage du pot : couvrez-le, mais ne le bouchez pas complètement. Le matériau idéal reste la simple toile de moustiquaire qui laisse passer l'eau, mais retient efficacement la terre ;

2. Remplissez le pot avec du mélange adéquat : ne le remplissez cependant pas complètement. En règle générale, ne dépassez pas les 2/3 de la hauteur du pot (pour savoir quel type de mélange utiliser, reportez-vous au chapitre « Les engrais, substrats, fertilisants, composants naturels et artificiels ») ;

3. Sortez la plante de son godet : une première technique pour y arriver consiste à retourner le pot d'une main et à retenir la plante de l'autre main. Tirez ensuite délicatement sur la plante pour la sortir complètement de son godet. Seconde technique : s'il s'agit d'un petit godet en plastique mou, il vous suffit de presser le fond pour faire sortir la plante. Dans les deux cas, essayez de conserver la motte des racines intacte (vous y arriverez plus facilement si, 1 heure avant de débuter vos plantations, vous humidifiez les plantes en godets : une motte de terre humide se désagrège moins facilement qu'une motte de terre sèche) ;

4. Procédez à la plantation proprement dite : plantez vos plantes à la même profondeur que celle de leur godet, puis ajoutez de la terre dans le pot. Ne le remplissez cependant pas complètement de terre : vous devez conserver un peu de marge pour l'arrosage ;

5. Arrosez généreusement : placez les pots dans une bassine et arrosez généreusement la plante en pot. Ensuite, ajoutez 1 à 2 cm d'eau dans la bassine et laissez le pot tremper. Au bout de 15 minutes environ, procédez à un nouvel arrosage ;

6. Laissez le pot s'égoutter : retirez ensuite le pot de la bassine, placez-le sur le sol de votre terrasse et laissez-le s'égoutter. Une fois qu'il est complètement égoutté, il ne vous reste plus qu'à lui trouver la meilleure place possible.

En résumé...

- Au moment de commencer vos plantations, n'oubliez pas de respecter le rythme des saisons : une plante préparée et installée au bon moment a toutes les chances de s'épanouir pleinement.
- Faites vos plantations de façon méthodique, sans sauter d'étape.

Les engrais, substrats, fertilisants, composants naturels et artificiels : dopez-les !

Alors que dans les régions plus chaudes ou plus sèches, l'essentiel est de donner assez d'eau à vos plantes, dans le cas des jardins en pots que l'on crée sur les balcons et terrasses, le plus important est de leur apporter engrais et fertilisants de qualité en suffisance.

Les plantes sont comme vous : vous faites attention à ce que vous mangez et elles adorent une alimentation équilibrée. C'est vrai pour les plantes qui se développent dans les jardins ou potagers. Ce l'est plus encore pour les plantes en pots : celles-ci sont particulièrement dépendantes du sol dans lequel elles poussent. En effet, leurs racines bénéficient d'une étendue beaucoup moins vaste à explorer (et à exploiter) qu'en pleine terre.

Conseil :

Une plante qui prend racine

Pour que vos plantes en pots restent en bonne santé et pour qu'elles puissent s'épanouir pleinement, prenez un soin tout particulier de leurs racines et offrez-leur un mélange adapté.

Il n'est cependant pas très difficile de trouver le sol idéal pour chaque plante en pot ou, en tout cas, pour chaque type de plantes en pot. Les professionnels du secteur (et vous aussi dès que vous aurez lu les lignes suivantes...) savent de quoi les plantes ont besoin et ils ont développé des mélanges « prêts à l'emploi » d'une remarquable facilité et d'une égale efficacité.

Mais avant de vous précipiter à la jardinerie pour acheter un sac d'engrais ou un sac de substrat, il est essentiel de comprendre de quel nutriment a besoin votre plante préférée. Ou de quoi elle peut éventuellement manquer...

N-P-K : le tiercé dans l'ordre

Schématiquement, on peut dire que les plantes ont surtout besoin d'azote, de phosphore et de potassium en quantités assez importantes. La plupart du temps, elles trouvent ces éléments dans le sol. Ce qui n'est pas évident lorsque l'environnement est bétonné ! Si ces éléments sont absents dans le sol, vous n'avez plus qu'à leur offrir un petit cocktail de vitamines et de nutriments. En un mot : un bon engrais !

L'azote (symbole chimique N) est l'un des constituants de la chlorophylle (le pigment vert qui joue un rôle déterminant dans la photosynthèse) et est donc responsable de la jolie couleur verte des plantes. Les plantes qui ont une carence en azote présentent un jaunissement du feuillage et une diminution globale de la croissance.
Un engrais à dominance azotée convient particulièrement bien aux plantes en pleine croissance.

Le phosphore (symbole chimique P) est associé à la croissance des racines, à la formation des graines et des fruits ainsi qu'à la résistance aux maladies. Si vos plantes manquent de phosphore, vous vous en apercevrez rapidement : complètement rabougries, elles vous feront tout de suite pitié. Leur feuillage devient de plus en plus sombre, les tiges et les feuilles ont tendance à rougir, etc. Bref, ce n'est vraiment pas la joie !
Un engrais à dominance phosphorique est utile au bon développement des racines et des jeunes feuilles, avant et pendant la floraison.

Enfin, le potassium (symbole chimique K) contribue à la résistance aux maladies et stimule la croissance. Pas assez de potassium ? Le bord des feuilles a tendance à brunir.
Un engrais à dominance potassique accentue les couleurs lors de la floraison et augmente la saveur du fruit.

Dans tous les cas (manque d'azote, de phosphore ou de potassium), les vieilles feuilles sont les premières touchées.

En plus de ces trois éléments principaux, un engrais de qualité apporte aussi toute une série d'autres éléments essentiels – que les spécialistes appellent oligo-éléments – tels que le fer, le magnésium, le cuivre, le zinc, le soufre, etc., et qui sont indispensables à la croissance d'une plante.

Conseil :

« Lire » un sac d'engrais

Choisir un sac d'engrais adapté aux besoins de vos plantes n'est pas difficile. D'abord, regardez à quel type de plantes est destiné l'engrais : plantes d'appartement, légumes, etc. En principe, c'est toujours indiqué sur l'emballage. Ensuite, vérifiez la composition du mélange. Sur tous les sacs, vous trouverez une série de trois chiffres, toujours dans le même ordre : ils indiquent le pourcentage d'azote (N), de phosphore (P) et de potassium (K).

Ainsi, par exemple, un sac d'engrais 5-10-10 de 50 kg contient 5 % d'azote (2,5 kg), 10 % de phosphore (soit 5 kg) et également 10 % de potassium (5 kg aussi). Au total, ce sac contient donc 12,5 kg de nutriments, le reste n'étant que du support inerte.

Les engrais qui contiennent ces trois éléments sont officiellement appelés « engrais complets ». Sachez cependant que ce n'est pas parce qu'ils sont baptisés de cette manière qu'ils apportent obligatoirement tout ce dont vos plantes ont besoin. Il ne vous reste plus qu'à choisir la composition optimale en fonction des besoins de vos plantes.

À CHAQUE PLANTE SON ENGRAIS

Type de plantes	Type d'engrais
Arbustes	Granulés et/ou engrais organique (en automne)
Bulbes	Granulés 8-8-8 (lors de la plantation)
Légumes	Engrais organique (en automne, 1 mois avant plantation)
Plantes annuelles	Granulés (et un engrais liquide après plantation)
Plantes vertes	Engrais à libération prolongée ou liquide
Plantes vivaces	Granulés et/ou engrais organique (en automne)
Rosiers	Granulés et/ou engrais organique (au printemps et en automne)

Un substrat fait « maison »

Cependant, l'engrais ne peut être utilisé seul et chaque plante a besoin d'une « base » saine et adéquate. Ici aussi, il existe des mélanges « prêts à l'emploi ». Ils présentent un avantage formidable : ils sont très faciles d'utilisation. Mais ils ont aussi un gros défaut (rien n'est parfait en ce bas monde !) : ils ne constituent pas nécessairement une panacée. Il arrive qu'ils deviennent trop compacts avec le temps. Ou qu'ils s'assèchent assez vite. C'est pour cela que leur utilisation n'est valable que s'ils sont mélangés à du sable.

Si vous en avez la possibilité, tachez de squatter un petit morceau de jardin chez un copain, enfilez bottes ou sabots et fabriquez vous-même un substrat à base de composants naturels (du terreau, de la tourbe, etc.) ou artificiels (de l'argile expansé, etc.). De quoi commencer à réveiller le campagnard qui sommeille peut-être en vous... En respectant de justes proportions, vous obtiendrez un substrat de première qualité qui assurera un bon développement des racines, tout en gardant une humidité régulière, une aération optimale et assez d'éléments nutritifs.

À CHAQUE PLANTE SON SUBSTRAT

Type de végétaux	Terre de jardin	Terreau	Terre de bruyère	Tourbe	Sable
Arbustes d'ornement	1/3	2/3			
Bonsaïs	1/3	1/3			1/3
Conifères	1/3	2/3			
Légumes	1/3	2/3			
Plantes annuelles	1/3	1/3		1/3	
Plantes aquatiques	1/3	1/3			1/3
Plantes aromatiques	1/4	1/2			1/4
Plantes bisannuelles	1/3	1/3		1/3	
Plantes bulbeuses	1/3	1/3		1/3	
Plantes grimpantes	1/3	2/3			
Plantes de terre de bruyère			2/3	1/3	
Plantes vivaces	1/3	1/3		1/3	
Plants de rosiers	1/3	1/3			1/3

Un petit mot d'explication s'impose…

Comme son nom l'indique, **la terre de jardin** est celle que l'on trouve en surface dans les jardins. Vous savez, ceux des amis qui ont cette « chââârmante-petite-maison-de-campagne-oh-trois-fois-rien-juste-une-bricole ». De par sa consistance, elle apporte généralement une bonne structure à votre substrat. Une précaution toutefois : elle ne doit jamais dépasser 1/3 de la composition totale du mélange. Et n'oubliez pas de supprimer les racines de mauvaises herbes, les cailloux et tous les autres éléments indésirables avant de l'utiliser (c'est fastidieux mais tout à fait indispensable à la bonne santé de vos plantes).

Conseil :

Terre de jardin et potées ne font toujours pas bon ménage

Vous pourriez peut-être être tenté d'offrir à vos plantes en pots de l'authentique terre de jardin, prélevée dans les parterres d'un ami, juste après le barbecue… L'intention est louable, mais c'est ce que l'on appelle un « cadeau empoisonné ». En effet, une bonne terre de jardin ne devient pas obligatoirement une bonne terre pour les potées. Lorsque vous l'extrayez du jardin, elle a tendance à perdre sa structure. De plus, une fois en pot, elle commence à se sentir à l'étroit et forme une masse dense que les racines de la plante ont bien du mal à traverser. Et c'est sans même parler du fait que la terre de jardin peut contenir des graines de mauvaises herbes, des œufs d'insectes, etc., qui peuvent faire des ravages dans vos plantations. N'utilisez donc jamais uniquement de la terre de jardin et passez-la au peigne fin avant de la verser dans vos pots.

- **Le terreau** est directement issu du compostage de feuilles, d'écorces, de fumier, etc. Non seulement il allège le substrat, mais il lui apporte aussi de nombreux éléments nutritifs. Il ne doit jamais dépasser 2/3 du volume total du substrat.

- **La terre de bruyère** est issue de la couche supérieure de terre que l'on trouve dans les sous-bois de pins et de sapins. Son utilisation est très limitée : elle ne sert qu'à la culture de plantes de bruyère, en association avec de la tourbe (et éventuellement du sable si la terre de bruyère s'avère trop compacte).

- Brune ou blonde, **la tourbe** ameublit et aère un substrat. Elle permet aussi de maintenir une certaine humidité.

- Enfin, **le sable** ameublit une terre végétale trop compacte.

Et les composants artificiels ?

Les composants artificiels sont parfois utiles pour alléger un substrat. Les plus utilisés sont :

- **l'argile expansée :** il s'agit d'argile opaline qui, chauffée à 1 200 °C, se transforme en billes brunes et lisses de tailles variables. L'argile expansée est surtout utilisée pour le drainage et l'allègement de substrats ;
- **la laine de roche :** elle possède la particularité de retenir l'eau et les éléments nutritifs qu'elle libère petit à petit ;
- **le polystyrène :** cette matière de synthèse, qui fait immanquablement songer à des légers petits flocons blancs, allège les substrats.

Conseil :

Point trop n'en faut

Il est déconseillé d'employer les composants artificiels en trop grandes quantités : ils n'apportent en effet aucun élément nutritif.

De l'importance de la fertilisation

Il est également important de fertiliser vos plantes.

La fertilisation de base est incorporée au substrat lors de la plantation. Dans la grande majorité des cas, elle est appliquée sous la forme d'un engrais dit « complet ». Mais selon le type de plante et ses besoins particuliers, l'action d'un engrais de base diminue. Plus ou moins fort, plus ou moins vite. Il est alors nécessaire d'appliquer une fertilisation d'entretien.

Pour les végétaux vivaces (plantes vivaces, conifères ou arbustes), la fertilisation d'entretien (appliquée au cours de l'année suivant la plantation) complète la fertilisation de base dont l'efficacité diminue de mois en mois. Puis, au cours des périodes suivantes, une fertilisation d'entretien apporte, dès le printemps, tous les éléments nécessaires à la croissance de vos plantes. Ces fertilisants, vendus sous forme d'engrais, peuvent être liquides (ils sont alors dilués dans l'eau d'arrosage suivant un dosage précis indiqué sur leur emballage), en granulés dits « de longue durée » ou en petits bâtonnets à planter directement dans le substrat.

Pour les plantes annuelles, bisannuelles et bulbeuses, la fertilisation de base doit être complétée par une fertilisation d'entretien appliquée surtout sous forme soluble, diffusée par l'eau d'arrosage. Cette fertilisation d'entretien doit débuter un à deux mois après la plantation.

En résumé…

- Au moment de la plantation, offrez à vos fleurs et plantes un substrat bien adapté, ainsi qu'un engrais tout à fait adéquat.
- N'oubliez jamais de regarder vos plantations, d'observer les feuillages et les tiges, de faire attention au rythme de croissance : cela vous donnera une excellente indication de l'état de santé de vos plantes.
- Si vous en avez la possibilité, n'hésitez jamais à faire votre substrat « maison » qui, si vous respectez quelques règles de base, aura toutes les chances d'être plus sain et plus équilibré que la plupart des produits vendus dans le commerce.
- N'abusez jamais des substrats artificiels.
- Songez à apporter des fertilisants adéquats à vos plantes.

Drainez !

Si vous créez un jardin en pots, nul doute que vous avez des récipients de différentes formes, de différentes couleurs et de différentes tailles. Sachez en tout cas que la présence d'un drainage est absolument indispensable pour tous les récipients de plus de 20 cm de profondeur (et conseillé pour tous les autres).

De l'importance du drainage

Le drainage évite que le mélange devienne trop asphyxiant pour les racines. Que ce soit à la suite de pluies trop abondantes ou après un arrosage un peu trop copieux (on reviendra plus loin sur la problématique de l'arrosage). Il garantit leur bon développement et empêche l'accumulation de l'eau au fond du pot (cette accumulation d'eau stagnante peut provoquer certaines odeurs assez nauséabondes qui n'ont strictement rien à voir avec le parfum des fleurs...). Par voie de conséquence, il empêche le pourrissement des racines et, à terme, la mort de la plante.

Jusqu'il y a peu, le drainage était essentiellement constitué de gravier. La méthode était efficace mais présentait un inconvénient majeur : le poids. Depuis quelques années, un autre matériau – aussi efficace, mais nettement plus léger – a les faveurs des horticulteurs et des jardiniers : les billes d'argile expansée.

En pratique

Comment procéder ? Comment mettre assez de matériau de drainage, sans pour autant en mettre trop ? La règle est simple : en fonction de la hauteur du récipient, le drainage doit avoir une hauteur comprise entre 5 et 10 cm. De plus, le drainage doit être séparé du substrat par un film de fibres synthétiques que l'on trouve facilement en jardinerie (à défaut, vous pouvez utiliser du bidim®, une sorte de feutre vendu en rouleaux dans les commerces spécialisés). Ce film (ou ce feutre) évite aux particules de terre de s'infiltrer dans le drainage, ce qui risquerait de le colmater.

Au fond du bac, un ou plusieurs trous peuvent être pratiqués, complémentairement au drain : ensemble, ils assureront une évacuation idéale des excès d'eau.

Conseil :

Pensez aux ovnis !

Glissez une soucoupe (une simple sous-tasse fait l'affaire pour les plus petits pots) sous tous les récipients que vous posez sur le rebord d'une fenêtre ou sur un balcon. Elle recueillera les excès d'eau sans salir vos rebords de fenêtres ou... les murs et balcons des étages inférieurs. Le bon voisinage n'a pas de prix !

En résumé...

- Tous les pots de fleurs et récipients de plus de 20 cm de profondeur exigent un drainage efficace.
- Privilégiez les billes d'argile expansée qui sont plus légères et aussi efficaces que le gravier.
- Ni trop, ni trop peu : le drainage doit avoir une hauteur comprise entre 5 et 10 cm, en fonction de la hauteur du récipient.
- Séparez toujours le matériau de drainage du substrat par un film de fibres synthétiques ou par du bidim®.
- Vérifiez régulièrement que les trous de drainage de vos pots ne sont pas bouchés.

La préparation des végétaux : conditionnez-les !

Lorsque vous envisagez de déménager, vous vous préparez bien sûr au changement : vous rangez précieusement toutes vos affaires dans des caisses, puis vous vous installez petit à petit dans votre nouvelle habitation, vous découvrez votre nouveau quartier, vous allez à la rencontre des voisins, vous faites connaissance avec les commerçants du coin, etc. Bref, vous vous immergez petit à petit dans votre nouveau cadre de vie.

Pour les plantes, c'est exactement la même chose. En principe, elles supportent assez facilement le changement pourvu qu'on les prépare convenablement.

Avant la plantation, vous devez donc préparer la plante à son nouvel environnement, en fonction de son conditionnement initial.

Un conditionnement personnalisé

Ainsi, un arbuste d'ornement que vous achetez en automne ou au printemps, en racines nues (c'est-à-dire sans terre autour de celles-ci), demande à ce que vous coupiez l'extrémité des racines de plus de 5 mm de diamètre. Vous devez aussi diminuer les rameaux d'environ 1/3 tout en respectant, bien entendu, la forme générale de votre arbuste.

Autre cas de figure : le conifère, qui est généralement vendu aux mêmes périodes, mais en motte. Ce qui signifie que, lors de l'arrachage en pépinière, on a conservé une partie des racines et de la terre qui les entoure. Les pépiniéristes les plus sérieux solidifient cette motte en l'enveloppant dans une toile de jute. Lors de l'installation du conifère sur votre terrasse, vous devez retirer cette toile (sinon, elle entraverait le bon développement des racines et donc celui de la plante). Faites cela le plus délicatement possible.

Conseil :

C'est ouvert !

Si la motte d'un conifère vous paraît très fragile, ne retirez pas complètement la toile de jute qui l'entoure. Contentez-vous d'ouvrir cette toile le plus largement possible pour que les racines de la plante puissent tout de même se développer sans entrave.

Comme les conifères évoqués ci-dessus, certains arbustes d'ornement sont également vendus en motte. Les précautions d'usage valables pour les conifères le sont aussi pour ces arbustes. D'autre part, dans les deux cas, une taille ne s'avère pas nécessaire.

Le cas des plantes fleuries vivaces et des végétaux cultivés en conteneurs est un peu plus facile : ils se plantent quasiment tout au long de l'année (en évitant toutefois les périodes de gel ou de sécheresse). Au préalable, leur motte doit être humidifiée. Pour cela, la meilleure solution consiste tout simplement à la plonger dans un grand seau d'eau. Attention : la motte doit être simplement humidifiée et pas complètement trempée en profondeur.
Tant que vous y êtes, défaites une partie de la motte pour que les racines puissent s'installer plus facilement dans le substrat. Une taille ne doit pas être effectuée au moment de la plantation.

Conseil :

Disposez, jugez, composez...

Avant les plantations d'arbustes ou de plantes fleuries, disposez les plants sur le substrat, dans la jardinière ou le pot. Vous pourrez ainsi juger de l'effet général de la composition (la forme globale, l'assemblage des couleurs, etc.) et, éventuellement, apporter certaines modifications jusqu'à ce que vous obteniez la plus jolie composition. Ne commencez les plantations que lorsque vous êtes satisfait de l'esthétique générale de l'ensemble.

En résumé...

- Préparez les plantes à leur nouveau conditionnement et à leur nouveau cadre de vie.
- Chaque type de plante mérite une préparation spécifique : arbustes d'ornement avec ou sans motte, conifères en mottes, plantes fleuries vivaces, etc.
- Seuls les arbustes d'ornement en racines nues doivent être légèrement taillés lors de la plantation.
- Ne commencez réellement les plantations que lorsque vous êtes pleinement satisfait de l'aspect esthétique général du pot ou de la jardinière.

Les distances de plantation

Vous avez peut-être envie de mettre le plus de plantes possible sur votre balcon afin de créer une véritable « jungle urbaine ». Vous avez même sûrement envie de créer un remarquable effet de masse. Réfrénez pourtant vos ardeurs et votre enthousiasme ! Comme les êtres humains, les plantes ont besoin d'un minimum d'espace vital et elles ne parviennent à s'épanouir pleinement que si on leur laisse la place pour le faire.

Il ne sert donc à rien de serrer les plantes dans une jardinière comme les voyageurs dans une rame de métro aux heures de pointe. Offrez-leur de l'espace. Donnez-leur de l'air. Qu'elles puissent respirer. Qu'elles puissent grandir. Qu'elles puissent profiter de leur nouvel environnement. Qu'elles puissent vous en... faire voir de toutes les couleurs...

D'autant plus que, même si elles vous semblent bien petites au moment de les planter, vous ne devez jamais sous-estimer leur capacité de développement. Et comme ce sont les plantes les plus solides et les plus rapides qui l'emportent sur toutes les autres, ne misez pas trop sur le développement ou même sur la simple survie des plantes plus délicates ou plus lentes... Vous perdriez votre pari à chaque fois !

Vous l'avez compris : il faut respecter certaines distances entre les plantations. Mais ces distances varient selon le type de végétaux.

Un petit tableau s'impose...

LES DISTANCES DE PLANTATION	
Types de végétaux	**Distance de plantation**
Arbustes d'ornement	30 à 50 cm
Conifères	30 à 50 cm
Plantes annuelles	10 à 15 cm
Plantes aromatiques	10 à 15 cm
Plantes bisannuelles	10 à 15 cm
Plantes bulbeuses	10 à 15 cm
Plantes vivaces	10 à 15 cm

Et un autre encore...

NOMBRE DE PLANTES EN BAC OU JARDINIÈRE		
Types de végétaux	**Nbre de plantes en bac (100 X 30 X 40 cm)**	**Nbre de plantes en jardinière (180 X 15 X 10 cm)**
Arbustes d'ornement	2 à 3	-
Conifères	2 à 3	-
Plantes annuelles	7 à 8, sur 2 lignes	5 à 7
Plantes aromatiques	7 à 8, sur 2 lignes	5 à 7
Plantes bisannuelles	7 à 8, sur 2 lignes	5 à 7
Plantes bulbeuses	7 à 8, sur 2 lignes	5 à 7
Plantes vivaces	7 à 8, sur 2 lignes	5 à 7

Conseil :

Donnez du relief !

Si vous en avez la possibilité, optez pour une disposition des plantes en quinconce : cela donnera en effet un superbe effet de relief à votre bac ou jardinière.

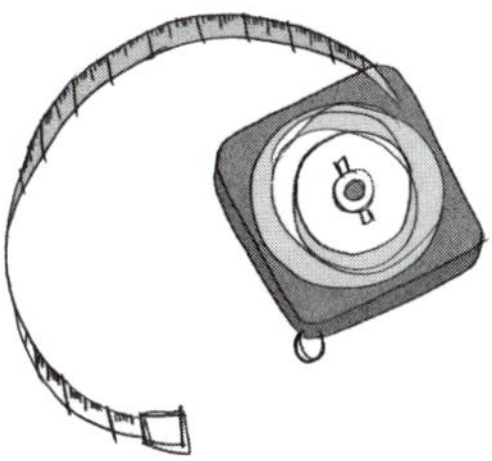

Les techniques d'arrosage

Les besoins en eau d'une plante (et donc la fréquence des arrosages) dépendent de plusieurs facteurs.
Tout d'abord, les plantes ont chacune des besoins spécifiques. Ainsi une plante en pleine croissance a-t-elle besoin de plus d'eau qu'une plante en repos de végétation.
Ensuite intervient la situation particulière de la plante. C'est comme cela qu'une plante qui bénéficie d'un ensoleillement généreux ou qui est fort exposée aux vents aura de plus grands besoins en eau qu'une autre plante située plus à l'abri du soleil et du vent.

La saison joue aussi un rôle déterminant. Les besoins en eau d'une plante sont bien entendu plus importants pendant les journées les plus chaudes qu'au début du printemps ou en automne. Enfin, chaque terreau retient l'eau d'une manière différente.

Un peu de doigté, svp !

Un bon arrosage exige… un bon doigté. Dans tous les sens du terme. En effet, le meilleur moyen de contrôler l'humidité est d'enfoncer un doigt dans le substrat : tant qu'il n'est pas sec, il n'est pas utile d'arroser.

Une autre méthode consiste à frapper la paroi du récipient du bout des doigts : s'il sonne creux, cela signifie qu'il est temps d'arroser.

Une troisième méthode consiste à observer le substrat : s'il est sec sur une profondeur de 3 à 5 cm à partir de la surface, c'est le moment de sortir l'arrosoir.

Enfin, une dernière méthode consiste tout simplement à observer la plante : si elle commence à sécher, que ses feuilles ramollissent ou perdent leurs couleurs, cela doit éveiller votre attention. À ce moment, non seulement la plante a soif, mais elle a surtout besoin d'un petit peu plus d'eau que d'habitude (en principe, vous devez arroser votre plante avant qu'elle n'atteigne ce stade).

Réserve d'eau et goutte à goutte

Soucieux de vous simplifier la vie, les professionnels du secteur ont inventé plusieurs systèmes qui vous évitent une « corvée d'arrosage » trop régulière (encore qu'il est particulièrement reposant d'arroser ses quelques mètres carrés de verdure après une journée de travail stressante...).

Les bacs à réserve d'eau sont l'un de ces systèmes. Ils vous permettent d'espacer la corvée d'eau et vous pardonnent même certains oublis de courte durée... Cependant, toutes les plantes ne supportent pas de tels bacs : les plantes aromatiques, certains conifères et arbustes d'ornement, etc., ne les apprécient guère et préfèrent même une petite période de relative sécheresse entre deux arrosages.

Autre système : l'arrosage par goutte à goutte. Il consiste à placer un petit tuyau en plastique le long de tous les récipients disposés sur votre terrasse. Chaque récipient est alors desservi par un goutteur qui libère l'eau pendant un laps de temps réglé par une minuterie fixée sur le robinet. Même si le tuyau n'est pas toujours d'une esthétique irréprochable, il faut bien reconnaître que ce système présente de nombreux avantages. Non seulement il assure un arrosage précis et régulier, mais il vous permet en outre de vous absenter sans que vos plantes meurent de soif... ou soient complètement noyées.

La bonne vieille méthode de nos grands-mères

Mais peut-être êtes-vous partisan de cette bonne vieille méthode qui a fait ses preuves depuis des générations et des générations : l'arrosoir ! C'est probablement grâce à cette méthode, ô combien artisanale, que vous garderez le meilleur contact avec vos plantations. Et même si l'arrosage est loin d'être une science rigide et exacte, il y a quand même certaines règles qu'il vaut mieux observer :

- **arrosez tôt le matin :** levez-vous quelques minutes plus tôt, juste pour avoir le plaisir d'arroser vos plantations avant d'aller travailler. C'est à ce moment, alors que la température n'est pas encore élevée, que la plante profitera le plus de l'arrosage et qu'une grande partie de l'eau atteindra les racines. Autre possibilité : arrosez en soirée, après une journée stressante au bureau, dans les transports en commun ou les embouteillages. L'eau s'évaporera encore moins vite durant la nuit ;

- **observez vos plantes :** une règle générale veut que les arrosages doivent être plus fréquents pour les plantes en pots que pour celles qui sont en pleine terre. Logique : quand elle est en pot, il est impossible à la plante de plonger ses racines loin dans le sol à la recherche d'eau. Autre règle générale : chaque arrosage devrait apporter 1 litre d'eau pour 10 litres de substrat. Ceci dit, seule l'observation régulière (et même quotidienne) de vos plantes vous permettra de leur apporter tous les soins nécessaires, y compris l'apport en eau ;

- **arrosez le pied de la plante :** en arrosant, évitez autant que possible de mouiller le feuillage et les fleurs, ce qui a tendance à favoriser l'apparition de maladies. Seules exceptions : lorsque la plante est sale ou qu'elle a eu un coup de chaud ;

- **ne soyez pas trop généreux :** l'excès nuit en tout, donc laissez toujours sécher un peu la terre entre deux arrosages. Et cela d'autant plus que trop d'arrosage favorise le développement du feuillage au détriment des fleurs ;

- **évitez l'eau stagnante :** l'eau fraîche est idéale pour une plante ; l'eau stagnante est une catastrophe. Évacuez toujours l'eau stagnante qui se trouve sous un pot (dans une soucoupe, par exemple) : elle ferait pourrir les racines ;

- **surveillez la pression :** si vous préférez le jet à l'arrosoir, méfiez-vous d'une pression trop forte qui risque de casser les tiges les plus fines et les plus fragiles, d'abîmer les fleurs et de faire jaillir la terre hors des pots ;

- **arrosez en hiver aussi :** il ne suffit pas d'arroser vos plantes à feuillage persistant à la belle saison. En hiver, elles ont aussi soif. Prenez tout de même certaines précautions particulières : n'arrosez pas en fin de journée ou par une matinée très froide (l'eau risque de geler) et protégez bien le récipient (en gelant, l'eau pourrait l'endommager) ;

- **utilisez l'eau de pluie :** si vous en avez la possibilité, utilisez toujours de l'eau de pluie. D'une part, elle est gratuite (et il n'y a pas de petites économies), d'autre part, elle est nettement meilleure pour vos plantes que l'eau de distribution.

L'ARROSAGE EN FONCTION DES TYPES DE PLANTES				
Végétaux	**Printemps**	**Été**	**Automne**	**Hiver**
Arbustes	Au début de la végétation, plus abondant pour les arbustes à floraison printanière	Abondant pendant les journées les plus chaudes	En fonction de l'ensoleillement et des pluies automnales	Suffisant pour maintenir le substrat légèrement humide
Bonsaïs	Au début de la végétation	Abondant pendant les journées les plus chaudes	En fonction de l'ensoleillement et des pluies automnales	Suffisant pour maintenir le substrat légèrement humide
Conifères	Au début de la végétation	Abondant pendant les journées les plus chaudes	En fonction de l'ensoleillement et des pluies automnales	Suffisant pour maintenir le substrat légèrement humide
Légumes	Abondant dès la plantation et aux premières chaleurs	Abondant	Réduit	
Plantes annuelles	Abondant dès la plantation et aux premières chaleurs	Abondant	Réduit	
Plantes aromatiques	Abondant dès la plantation et aux premières chaleurs	Abondant	Réduit	Suffisant pour maintenir le substrat légèrement humide

L'ARROSAGE EN FONCTION DES TYPES DE PLANTES				
Végétaux	**Printemps**	**Été**	**Automne**	**Hiver**
Plantes bisannuelles	Abondant au départ de la végétation et lors de la floraison		Au moment de la plantation	Suffisant pour maintenir le substrat légèrement humide
Plantes bulbeuses	Abondant au départ de la végétation et lors de la floraison		Au moment de la plantation	Suffisant pour maintenir le substrat légèrement humide
Plantes grimpantes	Au début de la végétation	Abondant pendant les journées les plus chaudes	En fonction de l'ensoleillement et des pluies automnales	Suffisant pour maintenir le substrat légèrement humide
Plantes vivaces	Abondant au départ de la végétation et lors de la floraison printanière	Abondant pendant les journées les plus chaudes	Réduit	Suffisant pour maintenir le substrat légèrement humide
Rosiers	Au début de la végétation	Abondant pendant les journées les plus chaudes	En fonction de l'ensoleillement et des pluies automnales	Suffisant pour maintenir le substrat légèrement humide

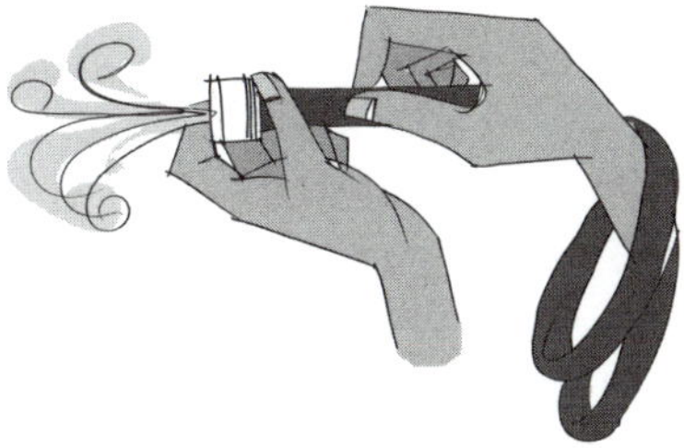

Le désherbage : effeuillez-les !

Vous vous moquiez peut-être de ces citadins exilés à la campagne qui passent leurs week-ends pliés en deux au-dessus de leurs parterres de fleurs, occupés à arracher les mauvaises herbes ? Fini de rire ! Ce n'est pas parce que vous avez opté pour des plantes en pots que vous allez échapper au désherbage !

Le développement des mauvaises herbes réduit – parfois considérablement – la vigueur des plantes cultivées en bacs ou en pots. C'est assez logique : comme le volume de terre est strictement limité, il doit être réservé en priorité aux plantes cultivées. Il est dès lors vivement conseillé de supprimer les indésirables au fur et à mesure de leur apparition. Et en tout cas bien avant qu'elles ne se développent trop et qu'elles produisent des graines favorisant leur prolifération. Ce qui rendrait les désherbages ultérieurs (auxquels vous n'échapperez pas, de toute façon !) encore plus compliqués, laborieux et fastidieux.

Deux moyens, mais une seule bonne méthode

Il existe deux moyens de désherber : un désherbage chimique ou un désherbage manuel.

Disons-le d'emblée : le désherbage chimique est à déconseiller très fortement ! Et cela malgré ce que certains responsables de jardineries vous affirmeront. Il suffit d'apercevoir les petits logos effrayants dont sont parés certains flacons ou de lire les précautions d'emploi pour se faire peur. À juste titre, d'ailleurs... Plus objectivement encore, si l'efficacité du désherbage chimique est indiscutable, ses effets à long terme (notamment en cas d'opérations répétées) sont difficilement contrôlables. En effet, le volume de terre restreint et envahi par les racines des plantes cultivées augmente sensiblement le risque de brûlures causées par une concentration trop importante des produits.

Le désherbage manuel reste donc, jusqu'à preuve du contraire, « la » solution. C'est la méthode la moins risquée et, en fin de compte, elle est tout aussi efficace que la précédente pour peu que vous vous y atteliez régulièrement. Cela vous semble pénible ? Rassurez-vous ! Et consolez-vous ! La « corvée désherbage » est bien moins longue sur votre terrasse ou votre balcon que dans un jardin où les surfaces cultivées sont nettement plus importantes.

Conseil :

Et pourquoi pas du pin broyé ?

Si vous voulez retarder l'apparition des mauvaises herbes (il est malheureusement impossible de l'empêcher totalement), vous pouvez disposer dans vos jardinières et vos bacs des écorces de pin broyées, sur quelques centimètres de hauteur. Ce système présente plusieurs avantages : outre le fait qu'il retarde le développement des herbes indésirables, il maintient le substrat humide et frais tout en valorisant les végétaux cultivés.

Nettoyez, taillez

Tant que vous y êtes, pensez aussi à nettoyer et à tailler vos plantes en fonction de leurs besoins et de la période de l'année.

Le nettoyage consiste tout simplement à supprimer les fleurs fanées, les vieilles feuilles (les feuilles sèches qui ont jauni) et les fleurs malades. L'opération n'a pas qu'un but esthétique. Elle permet aussi de limiter assez fortement le développement de maladies qui mettraient vos plantations en péril. Lorsqu'il est effectué tout au long de la période de végétation, le nettoyage permet en outre de prévenir le développement de certains parasites.

Au printemps, le nettoyage s'accompagne généralement de la taille des arbustes, des plantes vivaces et des plantes grimpantes. Cette taille permet la suppression des brindilles sèches, des feuilles mortes, etc., avant d'appliquer un engrais. Tant que vous y êtes, profitez-en pour nettoyer les jardinières et, le cas échéant, pour débarrasser les plantes les plus fragiles de leur protection hivernale (du moins dans les régions où les hivers sont plus rigoureux).

En résumé...

- Optez pour un désherbage manuel, moins dangereux pour vos plantes (et pour l'environnement en général) qu'un désherbage chimique.
- Un petit désherbage régulier vous évitera une corvée longue, difficile et fastidieuse.
- Au printemps, n'oubliez pas de nettoyer vos plantes pour la belle saison.

Soins d'urgence : vous aimez jouer au docteur ?

Comme tous les êtres vivants, animaux ou végétaux, il arrive que les plantes ne se sentent pas en pleine forme. Qu'elles soient malades. Attaquées par un parasite. Ou qu'elles aient un petit coup de blues. Du vague à l'âme.

C'est encore plus vrai pour les plantes cultivées en pots ou jardinières, sur les terrasses et balcons. Ou pour les plantes élevées en appartement. Ces plantes sont en effet cultivées dans des conditions très particulières. Le genre de conditions où la moindre attaque d'un parasite, la moindre petite maladie peut considérablement réduire la croissance de la plante et l'affaiblir.

Seule, l'observation très régulière de vos plantes vous permettra de déceler rapidement leurs ennemis et ainsi de les combattre avec efficacité.

Connaître et reconnaître les principaux parasites

Il est essentiel de pouvoir reconnaître les principaux parasites qui peuvent s'attaquer à vos plantes. C'est l'une des clés vous permettant de les combattre efficacement et radicalement. En un mot : sus à l'ennemi !

Mouche blanche (encore appelée aleurode)

Il s'agit d'une petite mouche de 2 à 3 mm de long, visible sur la face intérieure des feuilles. Elle vit généralement en colonie et se nourrit du contenu des cellules de la feuille. Une situation chaude et sèche favorise son apparition. Elle provoque un jaunissement des feuilles, qui finissent par tomber. Mesure préventive : un bassinage régulier des végétaux au cours des périodes chaudes et sèches. Mesure curative : traitement avec un insecticide systémique sur la face intérieure des feuilles

Araignée rouge

Elle est difficile à apercevoir à l'œil nu, mais cette petite araignée qui vit en colonie sur les feuilles peut causer bien des dégâts. Une situation chaude et sèche, de même qu'un positionnement le long d'un mur sur lequel le soleil se réfléchit favorisent leur apparition. L'araignée rouge provoque l'apparition de taches vert clair, puis jaunes, sur le feuillage. Cela entraîne un ralentissement de la croissance des feuilles touchées, puis leur chute. Mesure préventive : un bassinage régulier des végétaux au cours des périodes chaudes et sèches. Mesure curative : un traitement avec un acaricide et la suppression des feuilles touchées

Chenille

Elle ne mesure que 2 ou 3 cm et est de couleur verte. Elle agit souvent la nuit et provoque généralement des dommages plus embêtants sur le plan esthétique que dangereux au niveau sanitaire. Elle mange les feuilles sur lesquelles on détecte alors des perforations, mais elle peut aussi s'attaquer aux tiges qui finissent par dépérir. Mesure curative : supprimer les chenilles visibles et assurer un traitement insecticide

Cochenille farineuse

D'une taille ne dépassant guère 3 mm, cette cochenille est recouverte d'un duvet blanchâtre et se positionne sur les feuilles, tiges ou racines. Elle provoque un jaunissement du feuillage et le dépérissement de la plante. Mesure préventive : surveillance régulière du feuillage. Mesure curative : supprimer les foyers visibles à l'aide d'un simple chiffon et traitement avec un insecticide

✤ Fumagine

Il s'agit d'une pourriture qui se développe sur le miellat déposé par les pucerons ou les cochenilles. Elle se traduit par l'apparition d'une sorte de croûte noirâtre (semblable à de la suie) sur les tiges ou la face supérieure des feuilles. Cela entraîne un ralentissement de la croissance et empêche la feuille de respirer. Mesure préventive : lutter contre les insectes qui secrètent du miellat. Mesure curative : lavage des feuilles touchées à l'eau tiède et traitement avec un insecticide

✤ Puceron

Il est vert, jaune-orangé ou noir et ne mesure pas plus de 3 mm, mais il peut causer de terribles ravages, surtout qu'il vit en colonie. Il est visible sur la face intérieure des feuilles, sur les jeunes pousses et les boutons floraux. Une situation humide et chaude favorise son apparition. Il provoque le jaunissement du feuillage, mais aussi la déformation des jeunes pousses et des feuilles. Mesure préventive : élimination des foyers avec un jet d'eau ou un chiffon. Mesure curative : traitement à l'aide d'un insecticide spécifique

Conseil :

Nature contre nature

Dans le commerce, vous trouverez une foule de produits – insecticides, pesticides, fongicides – conçus par l'industrie chimique. Certes, ils sont généralement relativement efficaces. Mais il faut savoir que leur utilisation peut également avoir des conséquences fâcheuses sur la santé de vos plantes... ou la vôtre. Leurs composants chimiques sont en effet souvent très toxiques et il suffit de lire les précautions d'utilisation inscrites sur les emballages pour se faire peur. À juste titre, d'ailleurs ! Dans tous les cas, privilégiez toujours les traitements biologiques qui sont au moins aussi efficaces, mais qui n'attaqueront pas vos plantes et ne nuiront jamais à votre santé.

À chaque type de plantes sa sensibilité

Toutes les plantes ne réagissent pas de la même manière. Certaines sont plus robustes. D'autres plus sensibles à telle maladie ou tel parasite. Connaissez vos plantes pour mieux connaître leurs ennemis... qui sont aussi les vôtres...

Les plantes annuelles

Elles peuvent être attaquées par des insectes (araignées rouges, cochenilles, pucerons,...), mais aussi par diverses maladies (rouille, botrytis,...). Dans la plupart des cas, un traitement curatif approprié, appliqué dès l'apparition des premiers symptômes, suffit à éviter le pire. D'autres facteurs peuvent provoquer un ralentissement de la croissance ou une mauvaise floraison : excès ou manque d'engrais, excès de soleil, excès de pluie,... Si des ravages sont causés par un virus ou une bactérie qui provoque un jaunissement du feuillage ou un ralentissement de croissance, seule la suppression totale de la plante est conseillée

Les plantes bisannuelles et bulbeuses

Peu de maladies et parasites se développent sur les plantes bisannuelles. Tout juste peut-on évoquer un risque d'oïdium (sur les myosotis) ou de pourriture (pour les pensées). Un traitement fongicide dès l'apparition des premiers symptômes est généralement suffisant. En ce qui concerne les plantes bulbeuses, ce sont les rongeurs qui peuvent causer le plus de dégâts, surtout lors de la période de stockage des bulbes. Durant la même période, des risques de pourriture sont aussi à craindre, en raison d'une humidité excessive

Les plantes vivaces

Bonne nouvelle : voilà des plantes qui, de manière générale, sont assez peu sensibles aux maladies et parasites.

Cependant, vous constaterez peut-être l'apparition d'araignées rouges ou de pucerons lorsque vos plantes vivaces sont cultivées en période chaude et sèche. Tandis qu'un temps pluvieux a tendance à favoriser l'apparition de l'oïdium ou du mildiou. Un traitement fongicide ou insecticide arrivera à résoudre la plupart des problèmes, sauf un : en hiver, un excès d'eau (ou un mauvais drainage) peut entraîner le pourrissement de la souche

✤ Les arbustes

Les pucerons, les chenilles et les acariens sont les principaux parasites que l'on peut rencontrer sur un arbuste d'ornement. Un insecticide, appliqué le plus rapidement possible, arrivera à bout de la plupart des problèmes de ce genre. Quant aux maladies, elles se limitent généralement à la pourriture des racines due à un excès d'eau et à des développement de champignons sur le feuillage : un bon fongicide et ce problème est vite oublié ! D'autres problèmes peuvent entraîner des incidents physiologiques (ralentissement de la croissance,...) : apport nutritionnel déséquilibré, manque d'engrais,...

✤ Les conifères

Si vos conifères en bacs doivent faire face à des situations chaudes et sèches, ou s'ils sont placés contre un mur reflétant les rayons du soleil, vous pouvez constater l'apparition d'araignées rouges, de cochenilles ou de pucerons. Problème : comme ils se développent à l'intérieur de la plante, ces parasites sont difficiles à repérer et à éliminer. Il n'empêche qu'un traitement avec un insecticide et un acaricide est alors nécessaire. Si vous voulez entamer une lutte préventive, pulvérisez régulièrement de l'eau sur le feuillage afin de créer une atmosphère légèrement humide. Evitez cependant les excès d'eau qui peuvent entraîner la pourriture des racines. Enfin, si, suite à une période de gel, vous constatez au printemps que des rameaux brunissent avant de se dessécher, supprimez-les rapidement.

✤ Les plantes grimpantes

Peu de parasites se développent sur les plantes grimpantes, et c'est tant mieux ! Vous éliminerez facilement les pucerons qui apprécient les jeunes pousses en appliquant un insecticide. Autre nouvelle encourageante : les plantes grimpantes sont peu sensibles aux maladies. Tout juste si un excès d'eau peut entraîner un jaunissement et un flétrissement des feuilles. Les principaux risques des plantes grimpantes sont d'ordre physiologiques : apport nutritionnel déséquilibré, absence d'engrais adapté, mauvaise situation,...

✤ Les plantes aromatiques

Les plantes aromatiques sont certainement parmi les plus robustes qui soient. Sur les terrasses, leurs principaux ennemis sont les pucerons et les chenilles qui raffolent des jeunes pousses. Un excès d'eau peut aussi entraîner le pourrissement des racines. Les traitements sont toujours difficiles étant donné que les feuilles sont destinées à être consommées. N'utilisez jamais de produits chimiques, mais exclusivement des produits biologiques et certifiés comme tels.

QUELQUES PROBLÈMES COURANTS ET LEURS SOLUTIONS

Problème	Symptôme	Soins
Excès d'arrosage	Jaunissement, flétrissement et brunissement des extrémités des feuilles – amincissement des tiges	Séchage de la terre – diminution de la fréquence des arrosages – rempotage éventuel de la plante
Manque d'eau	Jaunissement des feuilles – apparition de taches brunes à l'extrémité des feuilles – perte de rigidité de la plante	Immersion du pot dans de l'eau jusqu'à la base du feuillage – rempotage éventuel de la plante
Excès de chaleur	Apparition de taches blanches sur les feuilles – jaunissement des feuilles – perte de feuilles	Installation de la plante à l'écart de la lumière et des sources de chaleur (fenêtre, radiateur,...) – élimination des feuilles abîmées
Manque de lumière	Perte de couleur du feuillage qui pâlit et s'assèche – apparition de taches décolorées sur les feuilles	Installation de la plante près d'une source lumineuse (fenêtre,...) – diminution des arrosages et des doses d'engrais pendant quelques semaines
Excès de luminosité	Ramollissement des feuilles – apparition de taches brunes à l'extrémité des feuilles – assèchement de la terre en profondeur	Installation de la plante à l'écart de source lumineuse – suppression des feuilles abîmées
Coup de froid	Décoloration des feuilles ralentissement de la croissance de la plante	Installation de la plante à l'intérieur (si elle est à l'extérieur) – augmentation de la température dans la pièce
Air trop sec	Jaunissement des feuilles qui sèchent – brunissement de l'extrémité des feuilles – ralentissement de la croissance de la plante	Augmentation du taux d'humidité de l'air ambiant (humidificateur) – vaporisation d'eau sur les feuilles

En résumé...

- L'observation régulière et minutieuse reste le meilleur moyen de connaître l'état de santé de vos plantes et, le cas échéant, de déterminer le problème
- Utilisez toujours un traitement approprié. Dans toute la mesure du possible, évitez les produits chimiques et privilégiez les traitements biologiques et certifiés comme tels. Ceux-ci sont au moins aussi efficaces que les produits chimiques, mais vous ne mettez pas en péril la santé de votre plante... ni la vôtre !..
- En cas de doute ou de problème plus conséquent, demandez toujours l'avis d'un spécialiste en qui vous avez confiance

ACTE 5

Le coin potager

C'est moi qui l'ai fait !

Et si vous faisiez pousser vos fruits, légumes et plantes aromatiques chez vous ? Oui, on vous l'accorde, c'est plus pratique d'aller les acheter au supermarché du coin, mais imaginez un peu la tête de vos invités quand vous leur annoncerez fièrement : « cette tomate, c'est moi qui l'ai fait pousser ! »

Et oui, ce n'est pas parce que vous vivez en appartement que les joies du potager vous sont interdites, au contraire. La culture des fruits et légumes sur une terrasse, sur un balcon et même sur un rebord de fenêtre est possible.

Outre l'aspect souvent décoratif du feuillage de la vigne, en plus de la beauté des fleurs d'un pommier ou d'un cerisier, leurs fruits sont une magnifique récompense pour tous les soins que vous leur avez apportés. Pour tout le temps que vous leur avez consacré.

Suggestion :

Un verger pour les enfants

Si vous avez des enfants, n'hésitez jamais à les associer étroitement à la culture de votre potager ou de votre verger sur terrasse. Le moment venu, ils pourront ainsi cueillir les légumes ou les fruits qu'ils auront cultivés et qu'ils auront vus pousser.

Conditions préliminaires

La culture des fruits et légumes sur une terrasse ou un balcon – culture très particulière – n'est assurée que moyennant certaines conditions.

La toute première d'entre elles est relative à la place dont vous disposez et que vous pouvez consacrer à vos fruits et légumes. Vous devez effectivement pouvoir disposer avec élégance quelques grands bacs, mais aussi permettre aux rameaux de vos plantes de se développer harmonieusement.

La deuxième condition essentielle se rapporte aux engrais et substrats. Les uns comme les autres doivent être parfaitement adaptés à ce type spécifique de culture, mais aussi aux plantes que vous désirez cultiver. N'oubliez d'ailleurs jamais de vérifier très régulièrement l'état de santé de vos plantes.

Enfin, il est tout à fait essentiel que vous choisissiez des plantes (légumes ou fruitiers) qui soient parfaitement adaptées à la culture en bacs. Depuis quelques années, les meilleurs pépiniéristes ont notamment réussi à obtenir, à force de recherches, de croisements, d'essais et... de beaucoup de persévérance, des arbres fruitiers à faible croissance, qui ne dépassent guère 1,50 à 2 mètres de haut et qui, pourtant, produisent des fruits tout simplement délicieux.

Mais attention, dans tous les cas, vous ne devez pas vous attendre à des récoltes miraculeuses : les conditions de culture des fruits et légumes restant tout de même très particulières, elles ne permettent pas d'envisager des récoltes très importantes. Ce n'est d'ailleurs pas très grave : les quelques fruits et légumes que vous allez récolter, véritables « fruits » de votre labeur et de votre patience, n'en seront que plus attendus et ils ne vous sembleront que meilleurs. Après tout, ce seront vraiment vos fruits et vos légumes !

Première étape : la plantation

Pour arriver à maturité et parfaire leur saveur, les fruits et les légumes demandent (exigent, même !), la plupart du temps, une exposition parfaitement ensoleillée et beaucoup de chaleur. Aussi, les tout premiers conseils que l'on peut vous donner concernent :

- **la situation :** réservez à vos fruits et légumes un emplacement privilégié, où ils bénéficieront, tout au long de leur croissance et de leur vie, d'un ensoleillement optimal. Ils devront aussi être protégés des vents dominants et des plus importants écarts de température ;
- **le récipient :** une simple jardinière vous suffira pour planter quelques délicieux radis que vous dégusterez plus tard, frais et croquants à souhait. Par contre, les arbres fruitiers et des plantes comme les tomates apprécient des récipients plus importants. Leur système radiculaire fortement développé exige au minimum un volume de terre d'environ 50 X 50 cm. Sans oublier la place réservée au substrat : celui-ci doit contenir une quantité suffisante d'éléments nutritifs pour subvenir aux besoins essentiels de la plante ;

- **le substrat :** tous les légumes cultivés en jardinière demandent un substrat riche et perméable ; un mélange composé de 1/3 de terre de jardin et de 2/3 de terreau est idéal. Pour leur part, les arbres fruitiers cultivés en bacs préfèrent un substrat composé dans les proportions inverses : 1/3 de terreau pour 2/3 de terre de jardin. Dans ce second cas, vous pourrez éventuellement enrichir le terreau avec un apport d'engrais ;

- **la technique de plantation des légumes :** la plupart des légumes, ainsi que les fraisiers, sont généralement vendus dans des petits godets en plastique (souvent) ou en terre cuite (plus rarement). Plantez-les après avoir généreusement arrosé la motte de terre. Lorsque la plantation est terminée, arrosez-les encore de manière régulière, quel que soit le temps ;

- **la technique de plantation des arbres fruitiers et des arbustes :** ils sont habituellement commercialisés à racines nues ou en conteneurs. Dans ce second cas, la plantation s'effectue de la même manière que pour les légumes. Mais les végétaux à racines nues doivent obligatoirement être plantés pendant leur période de repos (c'est-à-dire l'hiver et le début du printemps), le plus vite possible après l'achat. Avant la plantation, il est conseillé de rabattre d'environ 30 % les rameaux qui ont poussé l'année précédente (respectez tout de même la forme générale de la plante) et de couper les plus grosses racines. Une fois la plantation terminée, arrosez la plante afin de bien tasser le substrat autour des racines.

Suggestion :

2 ans, 2 substrats

Il est fortement déconseillé d'utiliser un même substrat deux années de suite. Le terreau a en effet tendance à s'appauvrir au cours des mois et risque donc de compromettre votre deuxième récolte. Un substrat neuf ne pourra donc que faire du bien à votre plante et vous garantir d'agréables récoltes.

Passage à l'entretien

Comme les fleurs, plantes grimpantes et autres arbustes, les arbres fruitiers et les légumes demandent de l'entretien. Une dose de temps, une touche de patience et un soupçon d'attention ne leur font jamais de tort... :

- **l'arrosage :** voilà quelque chose de tout à fait essentiel ! Les arbres fruitiers et les légumes en bacs demandent beaucoup d'arrosages. Un manque d'eau lors de la croissance aura pour conséquence le ralentissement ou l'arrêt de cette dernière. Si ce manque d'eau survient lors de la formation des fruits, ces derniers risquent de tomber prématurément. Bref, un arrosage relativement copieux et très régulier est donc vivement conseillé. Arrosez de préférence le soir pour que la plante puisse en profiter au mieux (elle en profitera plus grâce aux fraîcheurs nocturnes que lors des fortes chaleurs diurnes) ;

- **la fertilisation :** vous ne devrez vraiment pas jouer à l'agriculteur, mais quand même... Dès le début de l'été, il vaut mieux offrir à vos plantes potagères de la potasse qui va favoriser la formation et la maturation des fruits. En règle générale, cette potasse se trouve dans les commerces spécialisés sous forme de granulés, à dispenser en juillet-août ;

- **le tuteurage :** les arbres fruitiers et certaines plantes comme les tomates ont besoin d'un tuteurage pour soutenir les rameaux qui, sinon, casseraient sous le poids des fruits ;

- **la taille :** qu'il s'agisse de taille de formation (effectuée au printemps afin de favoriser la croissance des rameaux les plus vigoureux) ou d'une taille de fructification (effectuée également au printemps, dès la troisième année de plantation), la suppression des rameaux trop envahissants, trop faibles ou trop âgés est vivement conseillée. Un mot au sujet des légumes : seules les tomates nécessitent une taille (il faut supprimer les jeunes rameaux qui poussent au détriment des fruits) ;

- **les maladies et les parasites :** l'apparition d'une maladie ou la prolifération de parasites entraîne toujours un ralentissement de la croissance, une baisse de la quantité de fruits et une chute de leur qualité. Vérifiez régulièrement l'état de vos légumes et de vos arbres fruitiers afin de pouvoir agir très rapidement en cas de problème. Les pépiniéristes et responsables de jardineries pourront utilement vous conseiller au cas par cas, en fonction du problème qui se présente. Dans tous les cas, pour d'évidentes raisons sanitaires, préférez toujours les traitements bio : ce sont les seuls qui vous garantiront, lors de la récolte, une absence totale de résidus toxiques ;

- **l'hivernage :** si vous plantez des arbustes à baies ou des arbres fruitiers, le problème de l'hivernage ne se posera pas. Toutefois, si vous habitez une région où les hivers sont particulièrement rigoureux, vous pouvez protéger les récipients avec du carton afin que le froid n'endommage pas les racines de vos plantes.

Les principales plantes potagères qui résistent au gel
Aneth
Brocolis
Oignons
Persil
Radis
Salades

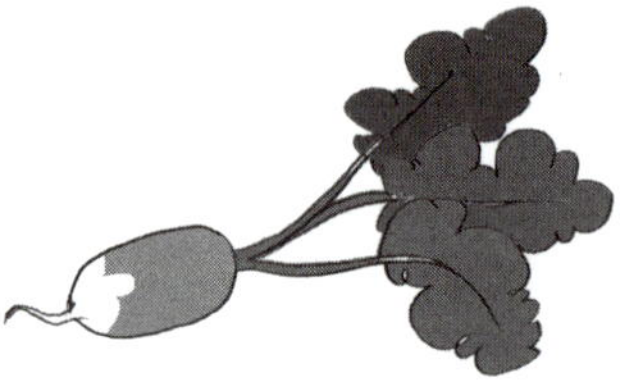

En résumé…

- Si vous aimez les fruits et légumes, il n'y a aucune raison de vous priver même si vous habitez en appartement.
- Pour la bonne santé de vos plantes, mais aussi pour garantir vos futures récoltes, respectez toujours les conditions de plantation et d'entretien de vos légumes et arbres fruitiers.
- Les légumes et arbres fruitiers demandent du temps et exigent de l'attention. Mais les récoltes que vous obtiendrez vous récompenseront de tous vos efforts.
- L'arrosage est essentiel, de même qu'un bon ensoleillement.

Quelques fruits et légumes de terrasse : faites votre marché !

Bien entendu, tous les fruits et tous les légumes ne peuvent pas être cultivés sur votre terrasse. Cependant, certains d'entre eux sont particulièrement bien adaptés à la culture en pots ou en jardinières.

En respectant les conseils de plantation et d'entretien, en surveillant bien vos plants afin de prévenir (ou de guérir) toute maladie ou attaque de parasites, et en n'hésitant pas à demander des conseils supplémentaires ou plus personnalisés à votre pépiniériste, vous devriez obtenir, avec ces légumes et ces fruitiers, de très agréables récoltes.

Les fruits à pépins

Dans cette catégorie, deux grands classiques peuvent être adaptés à la culture en pots :

- **le poirier :** choisissez de préférence des formes en espaliers qui se développent relativement peu et dont la mise à fruit est assez rapide. Sachez cependant que ces arbres atteignent tout de même 1,50 à 2,50 m de hauteur et qu'ils nécessitent un palissage solide le long d'un treillage ou d'une balustrade, ainsi que des pots profonds d'au moins 45 cm. Le poirier adore les situations ensoleillées, un sol riche et perméable, mais redoute le vent. En outre, il est important de disposer d'une deuxième variété complémentaire pour une bonne pollinisation. Le poirier est aussi sensible à certaines maladies : tavelure, pucerons, etc. Sur votre terrasse, vous privilégierez la « Bon Chrétien Williams » (fruits jaunes, à maturité en septembre), la « Triomphe de Vienne » (fruits légèrement teintés de rouille, à maturité entre mai et septembre) ou la « Louise Bonne » (fruits vert-jaune, à maturité en septembre et octobre). Une autre variété est aussi très intéressante : la « Beurré Hardy » (fruits jaune rouille, à maturité vers la fin du mois de septembre) ;

- **le pommier :** privilégiez des espèces dont la hauteur ne dépasse pas 1,50 à 2 m et qui sont précoces. Comme le poirier, le pommier demande du soleil, même s'il supporte une situation mi-ombragée. Son sol doit être riche et perméable et il doit disposer d'un bac profond d'au moins 45 cm. Le pommier est sensible à divers parasites et maladies (pucerons et tavelure, notamment) et peut souffrir d'une mauvaise nutrition ou d'un excès d'eau. Parmi les espèces et variétés qui vous donneront le plus de plaisir, on retrouve la « Cox's Orange » (fruits rouge-orange, à maturité en octobre), la « James Grieve » (fruits rouge-orange, à maturité en août et septembre), ainsi que la « Gravenstein » (fruits très colorés, à maturité entre août et octobre).

Les fruits à noyaux

Ici aussi, trois grands classiques vous procureront beaucoup de plaisir de culture et... raviront le gourmand qui sommeille en vous :

- **l'abricotier :** voilà une plante qui s'adapte particulièrement bien aux balcons et terrasses. Préférez toujours des formes en espaliers à palisser le long d'un treillage ou d'une balustrade. L'abricotier adore les zones bien ensoleillées et chaudes, mais redoute la morsure des vents hivernaux. Il est également sensible aux chenilles et aux pucerons. Les espèces à privilégier sont : le « Nancy » (fruits oranges, à maturité à la fin du mois d'août), le « Précoce de Colomer » (fruits jaunes, de bonne taille, à maturité au mois d'août) ou le « Royal » (fruits jaune clair, de bonne taille, à maturité au mois d'août) ;

- **le cerisier :** avec le cerisier, vous pouvez opter pour les griottiers (qui, tout en supportant bien la culture en pots, n'exigent pas de seconde variété pour la pollinisation), ou pour d'autres espèces greffées sur un même pied et parfaitement complémentaires pour la pollinisation. Votre pépiniériste préféré vous renseignera parfaitement sur les avantages et inconvénients respectifs. S'il est relativement sensible aux maladies bactériennes et aux pucerons, le cerisier apprécie une situation ensoleillée et des pots spacieux (au moins 45 cm de profondeur). Les meilleures variétés à disposer sur votre terrasse sont : la « Griotte du Nord » (fruits rouge vif, acidulés, à maturité tardive), la « Bigarreau Burlat » (fruits rouges et assez fermes, à maturité mi-tardive) et la « Bigarreau Moreau » (fruits rouges, à maturité mi-tardive) ;

- **le pêcher :** « cultiver un pêché n'est pas un péché », disent certains jardiniers plaisantins, amoureux des petits jeux de mots faciles. Cette plante est fort justement réputée pour la beauté de ses fleurs. Avantage non négligeable : elle s'adapte bien à la culture en bacs (minimum 45 cm de profondeur). Du moins si elle trouve refuge dans une zone chaude et ensoleillée. Sensible notamment à la cloque du pêcher et aux pucerons, le pêcher existe en variétés à chair blanche ou jaune (dans tous les cas, choisissez des formes en espaliers). Parmi les espèces et variétés à vous recommander : le « Nectared » (nectarine, fruits rouges et chair jaune, à maturité en août), le « Red Haven » (fruits colorés et chair jaune, à maturité en août) ou le « Charles Ingouf » (fruits rouges et chair blanche, à maturité en août).

Les arbustes à baies

Si vous êtes amateur de délicieuses baies, vous n'avez plus qu'à faire votre choix entre :

- **le groseillier :** voilà un arbuste qui possède deux avantages non négligeables : des fruits délicieux à déguster dès le mois de juillet et un feuillage magnifique en automne. Un bac d'une profondeur d'au moins 35 cm, une situation ensoleillée, un sol riche et perméable ainsi que des arrosages fréquents en hiver suffisent à son bonheur. Principale sensibilité : les pucerons. Le « Rondom » (gros fruits, à maturité mi-tardive) est très intéressant ;

- **le fraisier :** il s'adapte aux balcons et terrasses, mais aussi aux rebords des fenêtres. Les récoltes sont rarement abondantes, mais la culture est originale en milieu urbain. Songez à lui offrir une situation mi-ombragée ainsi que des arrosages très réguliers pendant les mois les plus chauds. Attention, cependant, aux maladies bactériennes. L'« Alexandria » (petits fruits agréablement aromatiques, à maturité entre juillet et octobre) ne vous laissera pas indifférent... ;

- **la vigne :** classique parmi les classiques, la vigne est autant appréciée pour ses attraits décoratifs que pour sa production de fruits, à maturité en automne. Privilégiez les variétés relativement récentes, sélectionnées pour leur résistance aux maladies. Quelques exigences : une situation ensoleillée, un bac d'une profondeur d'au moins 45 cm et des arrosages fréquents avant la récolte (c'est-à-dire en été et en automne). Le « Muscat Bleu » (grandes grappes savoureuses, goût muscat) et le « Chasselat Blanc » (gros raisins – il existe aussi un « Chasselat Rose ») sont à privilégier.

Du côté du potager…

Du verger au potager, il n'y a qu'un pas. Laissez-vous donc tenter, notamment, par :

- **le radis :** peu de terre et une germination rapide font partie des principaux avantages du radis. Les variétés disponibles sont extraordinairement nombreuses, mais celles que vous privilégierez (et qui s'adaptent le mieux à la culture en jardinières) sont à semer pendant toute la belle saison, entre la mi-avril et la fin du mois d'août. Un bac d'une profondeur moyenne de 15 cm, une situation ensoleillée (mi-ombre, éventuellement) et des arrosages très fréquents sont indispensables ;

- **la salade :** parmi toutes les variétés disponibles (et elles sont excessivement nombreuses !), préférez les salades « à tondre » qui sont sans conteste les mieux adaptées à la culture en jardinières. Leur principal avantage : vous les coupez régulièrement, en fonction de vos besoins, et elles repoussent après chaque coupe. Seules contraintes : des arrosages fréquents et un petit coin plein de soleil. Faites cependant attention au mildiou, aux pucerons et aux chenilles. Mais à part cela, quel bonheur ! ;

- **la tomate :** il existe aujourd'hui diverses variétés dont la forme (compacte et basse) et la mise à fruit (assez rapide) conviennent idéalement à la culture en bacs ou en jardinières. Comme la salade, la tomate demande du soleil et des arrosages fréquents.

- songez aussi aux **poivrons**, aux **carottes**, etc.

Suggestion :

Tomate ou cerise ? Ne choisissez pas !

Encore plus drôle à cultiver que la tomate, mais tout aussi délicieuse à déguster, voilà la tomate-cerise ! Certes, la récolte est parfois plus amusante qu'abondante, mais ne boudez jamais votre plaisir ! Surtout si vous avez la chance de pouvoir récolter vos dernières tomates-cerises de la saison... fin novembre ou début décembre. Vous pouvez faire vos propres semis ou (plus simplement) acheter des jeunes plants que vous planterez dans des pots d'environ 30 cm de profondeur. N'arrosez pas trop au début car cela fortifiera les racines. Par la suite, un arrosage régulier et plus intensif est recommandé (attention : trop d'humidité peut favoriser l'apparition du mildiou. N'exagérez donc pas les arrosages). Prévoyez aussi engrais adapté et tuteurs.

En résumé...

- La culture des fruits et légumes est aussi faite pour vous qui habitez en appartement et disposez d'un balcon ou d'une terrasse.
- À l'exception des fruits et légumes qui exigent beaucoup de place (la citrouille en est un excellent exemple), quasiment tous les fruits et légumes sont à votre portée de « jardinier urbain ».
- La culture des légumes en pots est beaucoup plus facile que la mise en place et l'entretien de tout un potager classique. Cela vous demande moins d'efforts, moins de temps et moins de matériel. Mais vous en aurez probablement autant de satisfaction...
- Choisissez toujours des espèces et variétés adaptées à la place dont vous disposez et qui, par définition, est limitée : les variétés de légumes qualifiées de « buissonnantes » et de « compactes » sont faites pour vous !

Herbes et plantes aromatiques : parfumez votre terrasse et votre cuisine

Les essayer, c'est les adopter !
Si vous les appréciez en cuisine, vous avez sans doute aussi envie de cultiver des herbes et plantes aromatiques sur votre balcon ou votre terrasse. Et vous avez tout à fait raison !

Non seulement elles apportent un attrait décoratif supplémentaire à votre « jardin suspendu » (elles complètent une composition par leur note tout à la fois colorée et odorante), mais elles seront également très utiles lorsque vous passerez en cuisine pour mitonner de délicieux petits plats pour vos amis ou votre famille. Voire même lorsque, l'hiver venu, vous vous préparerez une bonne tisane reconstituante à savourer au coin du feu ou sous la couette...

Des plantes faciles à vivre

Une première bonne nouvelle pour commencer : les herbes et plantes aromatiques ne sont vraiment pas très exigeantes. Souvent plus rustiques que nombre de fleurs de balcon, elles poussent sans le moindre problème dans les bacs, pots et autres jardinières. Et leur arôme s'épanouira en toute liberté, embaumant avec générosité votre balcon ou votre terrasse.

Certaines plantes aromatiques possèdent un fort pouvoir décoratif grâce à leur feuillage uniformément vert ou panaché, caduc ou persistant. D'autres sont remarquables par l'abondance de leurs fleurs ou par le parfum qu'elles dégagent en soirée, après l'arrosage.

Vous serez probablement étonné du nombre de plantes que vous pouvez faire pousser sur un espace restreint, mais aussi par l'abondance de la récolte que vous obtiendrez pour peu que vous suiviez les quelques conseils et suggestions ci-après...

Pour ne pas vous planter à la plantation...

Planter des herbes et plantes aromatiques n'est pas difficile. Il y a juste quelques règles de base à respecter, relatives à la situation et à l'époque de plantation, à l'entretien, etc. :

- **une bonne situation :** les plantes aromatiques telles que le thym, le romarin, la sarriette, etc., et, en règle générale, toutes les plantes de plein soleil et celles qui sont originaires du bassin méditerranéen (basilic, lavande, etc.) adorent bien entendu les zones chaudes et ensoleillées (orientation sud). Les espèces de mi-ombre doivent être installées de manière à ce que leur bain de soleil de dure pas toute la journée. Elles pourront d'ailleurs être ombragées par des plantes méditerranéennes qui ne craignent pas la bronzette... Ceci dit, une exposition ouest ou est peut également convenir à d'autres plantes que vous utiliserez en cuisine. Quant au nord, il n'est apprécié que par de rares plantes comestibles : le cresson de fontaine, la ciboulette, l'estragon, etc. ;

- **à l'abri du vent :** les herbes et plantes aromatiques craignent souvent les excès de vent et les courants d'air violents. Disposez-les donc à l'abri, bien à l'intérieur de votre balcon ou terrasse (jamais en première ligne, près de la rambarde extérieure). Idéalement, adossez-les à un mur ou à une palissade : leur protection contre le vent sera ainsi optimale. Vous pouvez aussi les abriter derrière des plantes grimpantes ;

- **beaucoup de lumière :** pour les plantes aromatiques, la lumière est aussi importante que la chaleur. Évitez de placer ces plantes à l'ombre d'une rambarde pleine ou à l'ombre d'autres plantes, et placez les pots en hauteur afin qu'ils reçoivent le maximum de lumière tout au long de la journée ;

- **après les dernières gelées :** la meilleure période pour planter les herbes aromatiques se situe au printemps, juste après les dernières gelées.

Suggestion :

Privilégiez les mélanges !

Osez l'originalité ! Installez des plantes condimentaires dans les bacs contenant des fleurs (ne surchargez cependant pas les bacs afin que chaque plante ait assez de place, d'air et de matières nutritives). Le mélange des couleurs et des parfums peut être sublime.

Conseil :

Gare au vent d'altitude !

Vous pouvez bien entendu garnir vos rebords de fenêtres avec des jardinières plantées d'herbes aromatiques. À condition, toutefois, que vous habitiez dans les étages inférieurs d'un immeuble. En effet, dès le 5e étage, le vent risque de devenir trop violent pour ces plantes qui n'apprécient guère les bourrasques et courants d'air.

Et l'entretien ?

S'il reste tout à fait indispensable, l'entretien des herbes et plantes aromatiques ne vous causera vraiment pas beaucoup de soucis. Voici les points essentiels :

- **l'arrosage :** ne vous fiez pas au fait que la plupart des herbes et plantes aromatiques sont originaires de régions chaudes et relativement sèches. Elles ne dédaignent pas l'eau, ni les arrosages réguliers mais mesurés. Il n'est pas question de les noyer (cela ferait beaucoup de tort aux racines). Un bon arrosage est d'autant plus important que, comme les plantes sont en bacs ou jardinières, elles ne disposent que de peu de terre et supportent plus difficilement un manque d'eau. Un arrosage est indispensable dès que les 2 ou 3 cm de terre de surface sont secs ;

- **la fertilisation :** globalement, les plantes aromatiques peuvent se contenter d'un sol relativement pauvre. Mais comme elles ne disposent que de peu de terre, l'apport d'une fertilisation liquide en cours de saison n'est pas superflu. Attention au fait que les engrais minéraux, souvent conseillés par les pépiniéristes, sont trop riches en azote pour ce genre de plantes : ils stimulent bien la croissance, mais nuisent au goût ;

- **la taille :** vous la pratiquez (peut-être sans le savoir...) dès que vous coupez des petits rameaux pour la préparation de vos délicieuses recettes. Grâce à cela, vos plantes aromatiques deviennent petit à petit plus vigoureuses ;

- **l'hivernage :** le problème de l'hivernage est différent selon que vous habitez dans le Midi ou dans le Nord - Pas-de-Calais. Sachez que certaines plantes aromatiques supportent très difficilement les rigueurs de l'hiver. C'est, entre autres, le cas du romarin. Et cela d'autant plus que le volume de terre protégeant les racines est restreint. Protégez donc vos plantes aromatiques en les disposant le long d'un mur, voire dans une pièce assez lumineuse mais peu chauffée ;

- **les maladies et les parasites :** sur les terrasses, les principaux ennemis des plantes aromatiques sont les pucerons, et les chenilles qui, en connaisseuses, apprécient généralement les jeunes feuilles tendres. Sur les balcons ou terrasses, le développement de parasites, bactéries et autres champignons est souvent causé par une plantation trop serrée et par une mauvaise circulation d'air. Pour protéger vos plantes aromatiques, plantez à proximité une capucine : elle attire les pucerons noirs, qui dédaigneront alors le laurier, la sauge, la ciboulette, le thym, etc. D'autre part, un excès d'eau peut entraîner un certain pourrissement des racines. L'apparition de parasites ou de maladies est bien là l'un des principaux problèmes posés par les herbes et plantes aromatiques : comme les feuilles sont destinées à être consommées, elles ne peuvent pas être traitées par les produits traditionnels, souvent aussi nocifs pour les parasites que dangereux pour la santé humaine. Seuls les traitements 100 % bio peuvent être sereinement envisagés.

Conseil :

Arrosage oublié ?

Vous avez oublié d'arroser vos plantes aromatiques ? Trop sèche, la terre ne va pas absorber l'eau qui va ruisseler en surface sans pénétrer en profondeur, jusqu'aux racines. Pas de panique ! Immergez entièrement les pots dans un seau pendant 10 à 15 minutes, sans noyer la plante. Ensuite, retirez-les du seau et laissez-les égoutter.

QUALITÉ DES MÉLANGES DESTINÉS AUX PLANTES AROMATIQUES

Mélange pauvre	Mélange moyennement riche	Mélange riche
Cresson	Aneth	Estragon
Marjolaine	Basilic	Laurier
Origan	Cerfeuil	
Romarin	Ciboulette	
Sauge	Menthe poivrée	
Thym	Persil	
	Sarriette	

Conseil :

Taillez à bon escient

Si vous voulez tailler des plantes aromatiques dans les règles de l'art, voici deux conseils qui vous seront bien utiles :

- prélevez des rameaux régulièrement autour de la plante afin de lui conserver une jolie forme et donc préserver son aspect décoratif ;
- coupez toujours au-dessus de la feuille qui assure le départ d'un nouveau rameau de remplacement.

Suggestion :

Construisez une serre de terrasse

Savez-vous que vous pouvez construire facilement et à peu de frais une originale serre de terrasse dans laquelle vos herbes et plantes aromatiques se développeront en beauté ? Prenez une simple étagère métallique murale et recouvrez-la avec une armature en verre ou en plastique. Le tour est joué !

L'âge de la cueillette...

Même cultivées sur un balcon ou une terrasse, les herbes et plantes aromatiques vous étonneront au moment de la récolte. Pour peu que vous en preniez soin, elles se montreront d'une surprenante générosité.

Toutes les herbes ne se récoltent pas de la même manière. Le seul dénominateur commun est la qualité de l'instrument avec lequel vous allez travailler : qu'il s'agisse d'une paire de ciseaux ou d'un couteau, l'objet en question doit toujours être très tranchant, afin de favoriser les coupes et les tailles bien nettes. Pour le reste, tout (ou presque...) varie d'une plante à l'autre :

- **sauge, thym et romarin :** ne taillez jamais plus du tiers de la longueur des tiges ;

- **bourrache, estragon et menthe :** cueillez de préférence les feuilles tendres qui se trouvent au bout des tiges. Quelque temps plus tard, vous verrez apparaître des nouvelles pousses au point de coupe : celles-ci sont porteuses de nouvelles feuilles délicieusement tendres ;

- **ciboulette :** ne taillez jamais plus de la moitié de la touffe ;

- **mélisse et origan :** taillez régulièrement quelques tiges à ras du sol afin de favoriser l'apparition de nouveaux rameaux ;

- **basilic, cerfeuil et cresson :** voilà les seules plantes aromatiques dont vous pouvez couper toutes les tiges à ras.

Conseil :

Ni trop tôt, ni trop tard

Le meilleur moment de la journée pour cueillir des herbes aromatiques est celui où les herbes sont les plus parfumées. Pour les plantes à feuillages tendres, procédez à la cueillette entre la rosée du matin et les premières fortes chaleurs de la journée. Mais pour les plantes à saveur balsamique, attendez plutôt la fin de la matinée.

… et la période de conservation

Deux méthodes principales permettent de conserver les herbes aromatiques : le séchage et la congélation. Chacune présente ses avantages et ses inconvénients :

- **le séchage** est sans conteste la méthode la plus simple. Il vous suffit de former un bouquet en attachant les tiges coupées avec une ficelle ou un élastique et de suspendre celui-ci dans un endroit bien ventilé et ombragé (évitez la cuisine où l'air est souvent trop chargé en graisses et en humidité).

Quand vous estimez que les plantes sont bien sèches, émiettez-les et conservez-les dans des bocaux en verre, hermétiquement fermés. Si vous ne disposez d'aucun endroit où faire sécher vos herbes à l'air libre, vous pouvez aussi utiliser votre four (cette méthode est même recommandée si vous avez préalablement été obligé de laver vos herbes, pour cause de pollution, par exemple) : disposez-les sur une grille recouverte d'une feuille de papier d'aluminium et faites-les étuver pendant 1 heure environ à 50 °C, porte du four entrouverte ;

- plus récente, **la congélation** a aussi les faveurs de certaines ménagères. Vous pouvez hacher menu vos plantes, puis les congeler avec une très petite quantité d'eau dans votre bac à glaçons. Une fois que l'ensemble est bien gelé, emballez ces glaçons d'herbes dans des sachets étiquetés. Plus rapide encore : placez les tiges et les feuilles de vos plantes aromatiques dans un sachet « spécial congélation » et faites-les rapidement congeler. Retirez-les de votre congélateur et réduisez-les en miettes, sans les sortir du sachet.

Conseil :

Passez au vert !

Les herbes séchées doivent toujours être vertes. Si vous vous apercevez qu'elles virent au brun ou au gris, c'est le signe qu'elles ont séché trop longtemps ou que la température de séchage est trop élevée. Il ne vous reste plus qu'une seule chose à faire : vous débarrasser de ces herbes qui ont perdu une grande partie de leur arôme et procéder à une nouvelle cueillette...

Conseil :

N'utilisez que des herbes saines !

Il en va de votre santé : ne séchez et ne congelez que des herbes parfaitement saines qui ont été cultivées à l'abri de la pollution et qui n'ont pas été (mal)traitées par des produits (antiparasites, traitements contre les maladies, etc.) toxiques.

10 plantes aromatiques « coup de cœur »

- **la ciboulette :** délicieuse pour agrémenter les charcuteries, les fromages et même les œufs, succulente quand elle rehausse les salades, les crudités ou les potages, la ciboulette aime les situations ensoleillées mais pas trop chaudes. Haute de 15 à 25 cm, cette plante aux fleurs mauves (à supprimer régulièrement) est sensible aux excès d'eau (prudence lors des arrosages !) ;

- **le basilic :** il aime les situations ensoleillées mais redoute les excès de chaleur. Il est sensible aux pucerons et aux chenilles. On utilise ses feuilles fraîches pour assaisonner les légumes et les potages, ainsi que les crudités. Calmant et diurétique, le basilic est aussi réputé antispasmodique de l'estomac ;

- **l'estragon :** il est utilisé pour assaisonner les volailles, les poissons, les viandes, les potages et certaines salades. Cette plante haute d'environ 55 cm apprécie également les situations ensoleillées mais pas trop chaudes. Peu sensible aux maladies et parasites, l'estragon est également réputé diurétique. Ce tonique léger facilite aussi la digestion ;

- **la marjolaine :** les viandes, volailles, poissons et légumes apprécient ses feuilles (fraîches ou séchées) vertes et ovales. Aimant le soleil et la chaleur, peu sensible aux parasites et maladies, la marjolaine possède aussi certaines propriétés thérapeutiques : elle s'avère efficace contre les rhumes et les troubles digestifs, elle est antispasmodique et aide à digérer les préparations un peu trop grasses. Elle agit aussi comme calmant léger ;

- **la menthe :** on utilise ses feuilles (fraîches ou séchées) pour assaisonner les viandes, les poissons, les volailles et certains potages. Mais la menthe est aussi utilisée en infusion ou en thé. Cette plante, dont il existe de très nombreuses variétés (menthe poivrée, menthe libanaise, menthe anglaise, etc.), se montre sensible aux pucerons et aux chenilles. C'est un excellent stimulant digestif ;

- **le persil :** facile à semer dès le mois de mai, il exige une situation ensoleillée. Très utilisé en cuisine pour assaisonner les salades ou, après cuisson, les viandes, poissons et légumes, le persil est également diurétique ;

- **le romarin :** haut de 30 à 50 cm, il apprécie les situations ensoleillées et chaudes. Il a d'ailleurs tellement horreur du froid qu'il doit être rentré en hiver. Peu sensible aux maladies et parasites, ses feuilles (fraîches ou séchées) assaisonnent les volailles, viandes, gibiers, poissons et légumes. C'est aussi un fortifiant et un tonique musculaire reconnu ;

- **la sarriette :** comme beaucoup d'autres plantes aromatiques, elle apprécie aussi les zones chaudes et ensoleillées. Peu sensible aux parasites et aux maladies, la sarriette assaisonne parfaitement les poissons, les salades et les autres légumes. Elle facilite la digestion et apaise la toux ;

- **la sauge :** avec ses jolies fleurs bleu-violacé qui apparaissent au mois de juin, elle est persistante dans certaines régions. Ses feuilles (fraîches ou séchées) agrémentent idéalement les viandes, volailles, poissons et salades. Peu sensible aux parasites et maladies, la sarriette apprécie, elle aussi, les situations chaudes et ensoleillées. Efficace en gargarismes, la sauge est un bon anti-inflammatoire ;

- **le thym :** classique parmi les classiques, il atteint une taille de 15 à 20 cm. Ses petites feuilles vert-grisâtre assaisonnent les viandes, volailles et poissons. Elles agrémentent aussi délicieusement certaines sauces. Le thym aime les mêmes situations que la plupart des plantes aromatiques (soleil et chaleur) et est peu sensible aux maladies et aux parasites. Assez stimulant, le thym agit contre la toux et les crampes d'estomac.

Ah ! Les bons remèdes de nos grands-mères !

Dans quelque temps, vous aurez donc la grande chance de pouvoir utiliser des herbes fraîches en cuisine. Mais ce n'est pas tout ! Certaines herbes conviennent aussi parfaitement pour confectionner des tisanes et autres infusions, toujours délicieuses et souvent excellentes pour la santé.

Saviez-vous qu'une infusion de feuilles séchées de sauge, prise en gargarisme, est très efficace pour soigner le mal de gorge et apaiser la douleur due à l'inflammation ? Ou qu'une tisane au romarin est conseillée aux personnes fatiguées et surmenées, le romarin stimulant la circulation cérébrale, améliorant la concentration et ayant des vertus légèrement antidépressives ? Et vous doutiez-vous que la menthe, verte ou poivrée, servie en infusion chaude ou glacée, combat avec une réelle efficacité l'acidité gastrique et les brûlures d'estomac ?

C'est donc beaucoup plus qu'un jardin d'herbes aromatiques que vous allez créer. Grâce à vos cultures en pots, vous pourrez désormais soigner bien des maux de manière entièrement naturelle et particulièrement efficace. Qui dit mieux ?

ACTE 6

Sixième partie : Créez un jardin d'intérieur

Pièce par pièce, créez votre jardin idéal

Ouvrez grande la porte-fenêtre de votre terrasse et laissez les fleurs et plantes partir à la conquête de votre salon, envahir votre salle à manger, s'immiscer dans votre chambre, se faufiler dans la cuisine et – pourquoi pas ? – tenter une incursion dans la salle de bains.

Bon, d'accord : c'est peut-être un peu plus facile à dire qu'à faire. Car avoir envie de jolies plantes d'intérieur est une chose. Savoir les choisir afin d'en profiter durablement et les installer dans les pièces adéquates n'est pas toujours d'une simplicité enfantine. Il ne faut cependant rien dramatiser ! Trouver une plante en parfaite adéquation avec son environnement n'est pas une chose exclusivement réservée à quelques initiés. Il suffit de connaître et respecter quelques règles de base et... n'importe quel jardinier novice peut s'offrir un splendide jardin d'intérieur, bien pensé et bien conçu. Il n'y a donc aucune raison de ne pas vous faire plaisir.

Alors ? Toujours partant ?

Les plantes d'appartement existent-elles ?

La question peut vous sembler bizarre, et pourtant elle est tout à fait légitime. Avez-vous déjà vu une plante choisir un appartement ou une maison comme habitat naturel ? Non, bien sûr !

Soyons clairs : les plantes d'appartement n'existent pas ! Tout juste peut-on parler d'espèces qui sont capables de s'adapter à ce milieu qui a été avant tout conditionné pour notre confort mais qui, par divers aspects, reste hostile à la végétation.

Parmi les espèces qui se sont adaptées, certaines sont essentiellement appréciées pour leur floraison exceptionnelle. Dans la majorité des cas, elles restent à l'intérieur de nos habitations le temps que durent les fleurs. D'autres sont plutôt appréciées pour le côté décoratif de leur feuillage, vert ou coloré. Celles-ci peuvent en principe vivre longtemps auprès de vous, pour peu que vous vous en occupiez correctement.

Tout est dans le choix

On trouve aujourd'hui dans les jardineries et même dans certaines grandes surfaces une incroyable variété de plantes d'intérieur plus jolies les unes que les autres et, la plupart du temps, peu onéreuses.

En sillonnant les allées des pépinières, en fouillant les étals, vous trouverez des plantes parfaitement adaptées à tous les styles d'habitation, à tous les types de décors et à tous les goûts. Bref, tout le monde peut donc facilement trouver son bonheur !

Conseil :

À la loupe

Même dans un magasin spécialisé, ne vous laissez pas emporter exclusivement par votre enthousiasme ou... par le discours d'un vendeur. Examinez chaque plante avant de l'acheter et n'hésitez jamais à refuser une plante dont l'aspect ne vous satisfait pas. Vous devez, entre autres, vérifier l'uniformité de la couleur, la solidité des tiges, la santé générale des feuilles et des tiges, l'état des racines, etc. Évitez aussi d'acheter une plante dont il ne reste plus qu'un ou deux spécimens en rayon. Attendez plutôt un arrivage de plantes fraîches !

Bien sûr, il ne faut jamais perdre de vue que les plantes sont des êtres vivants et non pas de simples bibelots inertes. Elles ont donc besoin d'eau, de lumière, d'air, de chaleur, de nourriture, etc. Mais, avec peut-être les conseils avisés des spécialistes, vous trouverez toujours les plantes qui vous conviendront et qui vous raviront.

Avant d'acheter une ou plusieurs plantes, il est important de savoir celles d'entre elles qui se plairont et s'épanouiront le mieux chez vous.

Conseil :

Le bien-être des plantes... et le vôtre

Plus vous attacherez d'importance au bien-être de vos plantes d'intérieur (arrosages, luminosité et ensoleillement, aération, etc.) et plus elles vous offriront de satisfaction et de... bien-être.

Tous les spécialistes des plantes d'intérieur s'accordent à reconnaître qu'avant d'acheter une plante, vous devez pouvoir déterminer dans quel environnement elle devra vivre. Sera-t-elle en pleine lumière ou dans une relative pénombre ? Votre appartement est-il fort sec ou possède-t-il un taux d'humidité suffisant pour les plantes ? Et bien d'autres questions encore, dans lesquelles interviennent bien entendu vos goûts personnels.

Une autre question importante est celle de la pièce dans laquelle la plante devra s'acclimater et vivre. Vous ne devez en effet pas disposer les mêmes plantes dans votre salon et votre cuisine, dans l'entrée de votre appartement et dans votre salle de bains. Voyons cela plus en détail...

Le tour du propriétaire

Chaque plante mérite de se développer et de s'épanouir dans une pièce particulière. Et chaque pièce mérite des plantes spécifiques. Faisons donc un petit tour du propriétaire et installons chaque plante dans la pièce qui lui convient le mieux...

L'entrée

C'est un espace où, en principe, vous ne faites que passer, mais ce n'est pas une raison pour le négliger. Après tout, n'est-il pas plus agréable d'ouvrir la porte de son appartement et de bénéficier directement d'un environnement fleuri et coloré ? Comme il s'agit d'une pièce qui peut être soumise à des changements de température et aux courants d'air, il vous faut trouver une plante robuste et résistante : une fougère convient donc à merveille. Cerise sur le gâteau : il existe de nombreuses variétés de fougères, prêtes à vous faire profiter de feuillages verts, panachés ou colorés de rouge. La fougère « Patte de Lapin » est l'une des plus faciles à installer, car elle demande relativement peu d'attention (de l'eau en petite quantité mais fournie régulièrement suffit généralement à son bonheur). Si votre entrée est assez sombre, optez pour la fougère « Corne d'Élan » qui s'acclimate bien dans la semi-obscurité et qui est pourvue d'un joli feuillage vert sombre.

• À éviter

Toutes les plantes qui craignent le froid, les écarts de température et les courants d'air.

Conseil :

Laissez le passage libre !

Lorsque vous installez une plante dans votre entrée (ou dans toute autre pièce de la maison), évitez de la placer dans un endroit où elle obstrue le passage. Non seulement cela vous énervera chaque fois que vous passerez devant, mais vous risquez en plus d'abîmer les feuilles et les fleurs.

Le séjour

En principe, votre séjour (salon/salle à manger) est l'une des pièces les plus lumineuses de votre habitation.
Lumière et soleil : il n'en faut guère plus pour faire le bonheur de plantes plus ou moins exotiques, qui apporteront même une agréable touche d'originalité à votre intérieur. Classique entre toutes, le yucca résiste à tout (vous pouvez même le négliger... un peu !), sauf à des arrosages très fréquents. Plus exotique : un bambou (il aime la lumière, même si elle est assez forte), qui reste cependant plus délicat d'entretien (brumisation régulière du feuillage, arrosages relativement généreux, suppression régulière des feuilles jaunes et des branches mortes, etc.). Mais son feuillage reste parmi les plus décoratifs qui existent. Le bambou « Kentia », particulièrement décoratif, est l'un des moins exigeants.

Suggestion :

Privilégiez des plantes purificatrices

Certaines plantes possèdent un impressionnant pouvoir purificateur et peuvent même, pour certaines d'entre elles, détruire les (innombrables) polluants chimiques que nous respirons et qui sont développés par les produits d'entretien, produits nettoyants pour les vitres, désodorisants, etc. La « fougère de Boston », la quasi-totalité des lierres, les philodendrons, les caoutchoucs, etc., font partie de ces plantes salvatrices. Pensez-y au moment d'agrémenter votre appartement !

Une touche d'originalité

Un magnifique bougainvillée, qui vous offrira d'exceptionnelles grappes fleuries pour peu qu'il bénéficie d'une luminosité généreuse, ainsi que d'un apport non négligeable d'eau et d'engrais.

La cuisine

Dans la plupart des cas, la cuisine est un lieu très fréquenté mais où il n'y a guère de place pour les plantes d'intérieur. Et c'est bien dommage pour une pièce qui devrait respirer la convivialité, et le bien-être ! Ceci dit, même si vous ne disposez que d'une cuisine de poupée, vous pouvez vous faire plaisir. Si vous n'avez pas de place par terre ou sur un plan de travail, pensez... au plafond. Et à toutes les suspensions que vous pouvez y installer. Jouez la carte de la continuité et pensez une nouvelle fois à une fougère : la « fougère de Boston » peut déployer au-dessus de vos poêles et marmites un magnifique feuillage dentelé et vert vif. Autre possibilité : plutôt que de suspendre des plantes, laissez-les retomber ! Installez-les sur des dessus d'armoires suspendues (faites toutefois attention au poids), et laissez retomber une vigne vierge ou un lierre « Hedera helix » qui apportera une belle petite note rustique.

Une touche d'originalité : un caféier

Le caféier a besoin de beaucoup de lumière directe pour pousser et développer sa floraison. Son « plus » : ses petites fleurs, en devenant baies, délivrent des graines de café qui pourront être replantées.

La chambre

Les plus belles plantes que vous pouvez installer dans une chambre sont incontestablement des cactées. Ces plantes supportent aussi bien les températures chaudes que plus froides et ne réclament que peu de soins : une lumière abondante et un peu d'eau. Une seule véritable précaution à prendre : faites attention aux variétés que vous sélectionnez. Certaines d'entre elles ont en effet tendance à devenir quelque peu envahissantes (que ce soit en largeur ou en hauteur). Autre sage précaution : veillez à ce que les épines ne soient pas à hauteur des yeux.

Conseil :

Toutes les plantes ne doivent pas entrer dans votre chambre !
Dans votre chambre, évitez toutes les plantes allergènes, ainsi que celles qui, trop odorantes, risquent de perturber votre sommeil.

La salle de bains

Dans cette pièce, vous devez bien sûr privilégier les plantes qui apprécient l'humidité. Si des soins presque quotidiens ne vous effrayent pas, les orchidées sont faites pour vous. Elles allient la beauté, les parfums, les couleurs, etc. Petite astuce : certaines variétés sont un peu moins exigeantes que d'autres. Notamment les orchidées « Zygopetalum », particulièrement parfumées, mais peu gourmandes en eau.

Conseil :

Harmonisez les couleurs
Apporter une touche de verdure dans votre appartement, c'est bien. En profiter pour lui offrir une petite touche colorée supplémentaire, c'est tout aussi bien. Mais ne commettez pas l'erreur de multiplier les couleurs de manière anarchique au sein d'une même pièce, l'effet serait désolant. Pensez à regrouper les végétaux de couleurs identiques ou ceux dont les couleurs sont parfaitement complémentaires.

10 plantes d'intérieur « coup de cœur »

Choisies pour la beauté de leur feuillage ou l'éclat de leurs couleurs, sélectionnées pour leur facilité d'installation et d'entretien, voici dix plantes d'intérieur « coup de cœur », classiques ou plus originales :

- très classique, le **yucca** a cet énorme avantage d'être une plante peu exigeante. Une ambiance chaude en journée et pendant la période de croissance, mais un peu de fraîcheur nocturne et, pendant la période de repos hivernal, beaucoup de lumière et un arrosage modéré suffisent généralement à son bonheur. On considère que le tronc du yucca est aussi décoratif que ses feuilles. Il s'harmonise particulièrement bien à un mobilier moderne ;

- le **petit saintpaulia** (encore appelé « Violette du Cap ») porte de nombreux bouquets floraux tout au long de l'année, mais encore plus au printemps et en automne. L'espèce type produit des fleurs à cinq pétales, de couleur bleu violacé, dont le cœur est éclairé par des étamines jaune d'or. Mais il existe un grand nombre de variétés : à fleurs simples ou doubles, aux couleurs variées (bleu plus ou moins foncé, blanc, rouge, rose, etc.). Comme le saintpaulia redoute les courants d'air, ne le placez jamais dans l'entrée de votre appartement ;

- **« philo »**, disent les initiés ; **« philodendron »**, dit-on habituellement. Cette plante est considérée comme « plante d'appartement » depuis plus d'un siècle et sa popularité n'a cessé de croître au cours du temps : la diversité de formes, de feuilles, de ports, etc., n'est pas étrangère à son succès mérité ;

- si vous aimez les palmiers, le **kentia** est fait pour vous ! Des grandes feuilles gracieusement arquées sont sa principale caractéristique et... son principal attrait. Originaire d'une île du Pacifique, le kentia peut se développer remarquablement en appartement, surtout dans des locaux peu chauffés et moyennement éclairés. Seule véritable exigence : un arrosage abondant en été. En hiver, par contre, une température comprise entre 10 et 15 °C et des arrosages plus espacés lui conviennent à merveille ;

- le **kalanchoe** est une ravissante petite plante grasse qui forme des touffes de 15 à 30 cm de hauteur, garnies de feuilles assez épaisses et dentées sur les bords. En hiver, apparaissent des petites fleurs rouges, jaunes ou orange, suivant les variétés. Attention : cette floraison est directement dépendante de la durée du jour. Une situation très éclairée, mais peu chauffée (aux alentours de 12 °C) et des arrosages légers mais réguliers (sans mouiller le cœur de la plante) sont les principaux soins qu'attend cette plante que vous pourrez placer en plein soleil et en plein air en été (rentrez-la dans le courant du mois de septembre) ;

- les **ficus** forment ce que l'on peut appeler une « famille nombreuse ». On y retrouve des plantes de taillées variées, de ports et de comportements différents. La plus connue reste cependant le ficus « Elastica » (mieux connu sous le nom de « Caoutchouc ») qui s'acclimate particulièrement bien en appartement. En été, une exposition claire et un apport régulier d'engrais très dilué sont les principaux soins à lui apporter. En hiver, cette plante devient nettement plus sobre et se contente d'une température de 12 à 14 °C ;

- les **cissus** sont les vignes vierges des pays chauds. Elles possèdent des rameaux souples et sarmenteux qui s'accrochent facilement aux supports qu'ils rencontrent et il est donc aisé de palisser ces plantes pour garnir une paroi, une grille, etc. Originaire d'Australie, le cissus « Antartica » (parfois appelé « Vigne des Kangourous ») prospère sous un éclairage généreux (sans insolation directe) et supporte des ambiances… enfumées ! ;

- l'**anthurium** vous surprendra ! Surtout lorsque vous saurez qu'il est utilisé dans certains pays pour fabriquer du tabac à priser ou confectionner des… aphrodisiaques ! Sur le plan purement décoratif, cette plante génère une floraison très généreuse, avec des fleurs blanches, rouges, roses ou orange. Facile à cultiver et à entretenir, l'anthurium apporte une incontestable touche d'exotisme et d'originalité à un salon ;

- originaire d'Amérique centrale et du sud du Mexique, le **poinsettia** est un arbuste qui peut atteindre 3 m de hauteur à l'état naturel. Pas de panique ! Il n'arrivera jamais à ces sommets dans votre appartement, mais sera cependant du plus bel effet décoratif. Seul bémol : sa période de floraison est de courte durée, mais peut tout de même atteindre trois à quatre mois avec des soins appropriés. Saviez-vous que l'autre nom du poinsettia est « étoile de Noël » ? ;

- il aime le soleil et les arrosages généreux en période chaude : l'**avocatier** pousse rapidement s'il est bien arrosé. Ne cherchez cependant pas à obtenir fleurs ou fruits en appartement : la plante n'en produit qu'en pleine terre. Mais même dans ces conditions, elle peut facilement atteindre 2 m de hauteur.

Les bonnes plantes au bon endroit

- **à l'ombre :** figuier rampant, langue de belle-mère, philodendron grimpant, etc. ;
- **dans la lumière vive, mais sans soleil direct :** bégonia, cyclamen, primevère du Cap, monstera, etc. ;
- **dans la lumière vive, avec soleil direct :** coussin de belle-mère, croton, kalanchoé, arbre de jade, etc. ;
- **peu de chaleur en hiver :** cyclamen, lierre commun, phalangère, etc. ;
- **chaleur en hiver (chauffage central) :** cactées, jasmin du Cap, orchidée, misère, capillaire, etc. ;
- **chaleur et humidité :** fougère « Corne d'Élan », papyrus, etc.

Vive les vacances !

Vous aimez les vacances ? Vos plantes les redoutent ! Pour elles, la période des vacances coïncide généralement avec des semaines de soins plus ou moins négligés.

Voici donc quelques conseils qui permettront à vos plantes de profiter pleinement de... vos vacances... :

- rempotez les plantes dans des bacs à réserve d'eau ;
- placez-les dans des pièces lumineuses, mais pas trop près des fenêtres pour épargner les « coups de soleil » aux feuillages ;
- si vous les disposez sur votre terrasse ou votre balcon, positionnez-les dans un coin ombragé (leur besoin en eau sera moins grand qu'en plein soleil) ;

- prévoyez un système d'arrosage (type « goutte à goutte » ou autre) en fonction des besoins spécifiques de vos plantes et vérifiez le bon fonctionnement du système ;
- dès votre retour, prévoyez une inspection complète et minutieuse de vos plantes.

Mais la meilleure solution restera toujours un voisin bienveillant et attentionné...

En résumé...

- Vous pouvez acheter des plantes d'intérieur toute l'année, mais les plus belles se trouvent en principe au printemps et en été, lorsqu'elles sont en pleine croissance.
- Vous pouvez acheter des plantes d'intérieur dans n'importe quel magasin, à condition que les plantes aient été cultivées et soignées dans les règles. Pour cela, privilégiez les magasins spécialisés et vérifiez l'état et la santé de chaque plante avant l'achat.
- Choisissez les plantes d'intérieur en fonction de vos goûts personnels, mais aussi en fonction des pièces dans lesquelles elles devront se développer.

Fleurs coupées : c'est le bouquet !

Quoi que l'on puisse peut-être en penser, tout le monde aime recevoir un bouquet de fleurs ! On sait qu'une belle rose ou un petit bouquet de violettes vous font rougir de plaisir, mesdames. Mais sachez que si vous offrez un bouquet de fleurs à un homme, il ne prendra certainement pas ses jambes à son cou ! Ou alors c'est que vous avez mis la main sur le dernier des machos « purs et durs »... Et vous avez tout intérêt à le laisser courir...

Ceci étant dit, tous les bouquets de fleurs dureront plus longtemps si vous les coupez et les manipulez avec une certaine précaution. Ce n'est pas parce qu'elles sont coupées que ces ravissantes fleurs ne méritent plus toute votre attention et quelques soins.

Conseils généraux...

Si vous coupez des fleurs sur votre terrasse :

- utilisez toujours un sécateur bien affûté ;
- coupez les fleurs le plus tôt possible dans la matinée, et en tout cas avant qu'elles n'aient trop transpiré ;
- une fois que les fleurs sont coupées, plongez directement les tiges dans l'eau (vous pouvez emporter un seau d'eau fraîche avec vous sur la terrasse) ;
- lorsque les fleurs sont à l'intérieur, enlevez les feuilles basses pour qu'elles ne baignent pas dans l'eau du vase. À défaut, ces feuilles pourriraient, troubleraient l'eau et dégageraient une odeur qui n'a rien à voir avec le délicat parfum des fleurs...

Dans tous les cas :

- recoupez les tiges sous l'eau et en biais avant de placer les fleurs dans un vase ;
- ajoutez éventuellement des conservateurs spécifiques aux fleurs coupées : ils apportent généralement des nutriments et acidifient l'eau. Avantage supplémentaire : ils ralentissent la respiration des plantes, ce qui permet de conserver celles-ci plus longtemps ;
- changez l'eau du vase très régulièrement, et au moins tous les deux jours ;
- utilisez de l'eau à température ambiante ;
- n'exposez pas vos fleurs à la climatisation et aux courants d'air ;
- disposez votre bouquet de fleurs dans un endroit frais et toujours à l'abri des rayonnements des radiateurs ou du soleil direct ;
- la nuit, placez les fleurs dans un endroit frais.

... et quelques conseils particuliers

On vous a offert des roses ? Remplissez un évier avec de l'eau tiède et laissez reposer les fleurs, à plat, pendant quinze minutes environ. Une petite astuce qui permet d'offrir une seconde jeunesse aux fleurs éventuellement fatiguées...

Les amaryllis, les delphiniums et quelques autres grosses fleurs à tiges creuses verront leur durée de vie augmenter si vous les retournez et que vous remplissez les tiges d'eau. Fermez ensuite la base de chaque tige avec un petit morceau de coton.

Le lilas et la plupart des plantes à tiges ligneuses méritent un traitement spécifique. Fendez (avec un couteau bien aiguisé) ou écrasez (au marteau) la base de la tige afin d'améliorer la prise d'eau.

Enfin, certaines fleurs (roses trémières, euphorbes, etc.) doivent avoir la tige brûlée pour éviter de se faner très rapidement. Pour ce faire, passez la tige sur une flamme pendant quelques secondes ou plongez-la une minute dans de l'eau bouillante.

… et le code des couleurs

Les couleurs suscitent divers sentiments. Ne parle-t-on pas de « couleurs chaudes » et de « couleurs froides » ?

Les significations ci-dessous sont basées sur les associations les plus courantes :

- **jaune :** activité, énergie, croissance, force, attention, amour, lumière, éclat, optimisme, printemps, joie, gaieté, chaleur, soleil, etc. ;
- **orange :** attention, mouvement, extraverti, énergie, festif, agréable, force, optimisme, sportivité, vitalité, gaieté, etc. ;
- **rouge :** activité, énergie, passion, force, vitalité, amour, luxe, romantisme, richesse, style, séduction, sensualité, etc. ;
- **rose :** satisfaction, réserve (dans le cas du rose pâle), innocence, romantisme, tendresse, délicatesse, douceur, etc. ;
- **blanc :** simplicité, fraîcheur, festif, clarté, calme, lumière, amour, virginité, innocence, pureté, propreté, silence, perfection, piété, vérité, etc.

ACTE 7

De la terrasse à la cuisine

Séchez vos herbes aromatiques : en suspension !

Vous avez planté, soigné et même choyé vos herbes aromatiques. Vous les avez regardées se développer et s'épanouir. Vous avez apprécié leurs parfums. Le moment est enfin venu de les récolter, de les sécher et... de les déguster ! Comment devez-vous procéder afin d'en tirer le meilleur parti possible ?

La tête en bas

L'idéal est que vous mettiez les herbes à sécher juste après les avoir cueillies. Un séchage méticuleux préservera tout leur parfum, mais aussi toutes leurs qualités culinaires ou paramédicales.

Suspendez-les, tête en bas, dans un lieu sec et chaud, à l'abri de la lumière. Si vous en avez la possibilité, optez pour un grenier ou une soupente qui sont des endroits parfaits.

Pour cela, rassemblez les tiges d'une même espèce (sauge, romarin,...) en bottes (pas plus d'une dizaine de tiges par botte). Nouez à l'aide d'une petite cordelette, sans trop serrer, et suspendez chaque botte, bien espacées les unes des autres, tête en bas. Pour éviter les poussières indésirables, gainez chaque botte d'un petit sac en papier (pas de sac en plastique !).

Si la température est élevée, vos herbes devraient sécher en cinq jours. Si le temps est plus froid, comptez environ deux semaines. Idéalement, la température devrait avoisiner 30 °C le premier jour et quelques degrés en dessous les jours suivants. Avant de les suspendre, assurez-vous que vos herbes sont saines, propres et sans parasites. Ne les lavez surtout pas à l'eau : cela altérerait leurs propriétés essentielles.

Conseil :

N'en rajoutez pas !

N'ajoutez jamais de nouvelles herbes à celles dont le séchage est déjà en cours.

L'opération de séchage est terminée lorsque les feuilles deviennent fragiles et parcheminées. Vous devez interrompre le séchage dès qu'elles s'effritent facilement entre les doigts.

Ensuite, il vous suffit de détacher les feuilles séchées de la tige en prenant garde de ne pas les briser, puis d'en remplir des bocaux fermant hermétiquement. Rangez finalement ces bocaux à l'abri de la lumière.

Séchage « top chrono »

La méthode décrite ci-dessus est incontestablement la plus naturelle et la meilleure pour les plantes et pour votre santé. Et il y a fort à parier que vous trouverez toujours un espace chaud, sec et à l'abri de la lumière pour faire sécher vos bottes d'herbes. Soit chez vous, soit chez des amis qui seront ravis de l'expérience et qui s'empresseront de partager avec vous les fruits de votre culture…

Il existe cependant une autre méthode pour sécher vos herbes aromatiques. Nettement moins naturelle, mais plus rapide : le séchage au four à micro-ondes ! Encore peut-on légitimement se poser la question de savoir s'il est vraiment intéressant de cultiver amoureusement des herbes aromatiques sur sa terrasse pour les passer au four à micro-ondes ensuite…

Néanmoins, si cette méthode vous tente, voici comment faire, en trois étapes, montre en main :

- choisissez vos herbes, cueillez-les et coupez les tiges superflues. Lavez ensuite les herbes et séchez-les soigneusement. Étalez-les sur un papier absorbant ;

- posez le papier absorbant garni d'herbes sur la plaque tournante de votre four à micro-ondes, avec un gobelet en verre rempli d'eau. Séchez les herbes, pendant deux minutes, à pleine puissance. Retournez ensuite les brins d'herbe sur le papier absorbant et faites-les à nouveau sécher, à pleine puissance, pendant deux à quatre minutes ;

- sortez alors les herbes du four et laissez-les reposer sur une autre feuille de papier absorbant. Arrangez enfin les herbes longues en bottes et broyez les feuilles lorsqu'elles sont trop grandes. Stockez les herbes (pas plus de six mois !) dans des pots fermant hermétiquement et rangés à l'abri de la lumière.

Conseil :

Chacun son tour !

Procédez toujours espèce par espèce et ne mélangez jamais plusieurs herbes différentes dans votre four à micro-ondes.

Conseil :

Prudence !

Ne dépassez jamais les temps de séchage indiqués, car les herbes risquent de s'enflammer et de provoquer un dangereux court-circuit dans votre four à micro-ondes.

Recettes de cuisine : jardinez, récoltez, cuisinez

De votre terrasse à vos marmites, poêles et casseroles, il n'y a que le temps de la cueillette. Fraîches et cultivées avec passion, les herbes aromatiques – « vos » herbes aromatiques ! – apporteront une extraordinaire note gustative supplémentaire à bon nombre de vos préparations. C'est décidé ! Vous allez définitivement tourner le dos aux petits pots d'herbes lyophilisées vendus dans le commerce et privilégier vos herbes fraîches et naturelles.

Voici quelques recettes qui vous raviront et épateront vos amis…

Beurre aux fines herbes

Ingrédients : • 125 g de beurre • 1 citron • herbes fraîches au choix (ciboulette, estragon, cerfeuil, persil, etc.) • sel • poivre

- Lavez les fines herbes, égouttez-les et coupez-les. Mettez-en l'équivalent de 4 cuillerées à soupe dans un mixeur.
- Coupez le beurre en parcelles et ajoutez-les aux fines herbes, dans le bol du mixeur.
- Pressez le citron et versez-en une cuillerée à soupe dans le mixeur. Mélangez bien tous les ingrédients. Goûtez l'assaisonnement et rectifiez-le de sel et poivre selon votre goût.
- Couvrez et conservez au frais. Sortez le beurre du réfrigérateur 1 heure avant utilisation afin qu'il ne soit pas trop dur. Il accompagnera viandes froides ou grillées, poissons pochés, légumes cuits à la vapeur, pommes de terre au four ou sous la cendre, crustacés décortiqués, etc.

Vinaigrette aux herbes

Ingrédients : • 6 gousses d'ail • 4 feuilles de laurier • 3 cuil. à soupe de feuilles d'origan • 2 cuil. à soupe de feuilles de thym • 1 cuil. à soupe de feuilles de romarin • 20 cl d'huile d'olive • 15 cl de vinaigre de vin blanc • persil plat • coriandre • piment de Cayenne • sel marin • poivre

- Pelez les gousses d'ail et mettez-les dans le mixeur avec 3 grosses poignées de persil plat et 3 grosses poignées de coriandre.

- Retirez les feuilles d'origan, de thym, de romarin et de laurier de leurs tiges, puis mettez-les dans le mixeur. Actionnez l'appareil jusqu'à ce que les herbes soient finement hachées.

- Ajoutez 1 pincée de piment de Cayenne, le vinaigre de vin blanc, l'huile d'olive et assaisonnez de sel et poivre selon le goût. Mixez à nouveau la préparation, puis glissez-la au réfrigérateur. Laissez-la reposer pendant 24 heures afin de permettre aux saveurs de se mêler.

- Versez ensuite la sauce dans une bouteille, puis complétez avec l'huile d'olive, jusqu'à obtention de la consistance requise pour une vinaigrette. Celle-ci accompagne bien le poulet grillé, la salade de tomates et les viandes au barbecue.

Sauce aux 3 herbes

Ingrédients : • 175 g de cheddar • 3 cuil. à soupe de crème épaisse • 2 cuil. à soupe de xérès sec • cerfeuil • ciboulette • persil frais

- Râpez le cheddar dans un bol et mettez-le sur une casserole d'eau. Ne le faites pas encore chauffer. Ajoutez la crème épaisse et le xérès sec.
- Hachez 1 cuillerée à soupe de cerfeuil, 1 cuillerée à soupe de ciboulette et 1 cuillerée à soupe de persil. Ajoutez-les au mélange dans le bol.
- Portez l'eau à ébullition et remuez bien tous les ingrédients jusqu'à ce que le mélange soit bien homogène. La préparation ne doit pas bouillir.
- Versez la sauce dans un plat. Laissez refroidir, puis couvrez et glissez au réfrigérateur. Cette sauce, qui peut être conservée 3 jours au frais, accompagne le poisson grillé, la viande froide, les pommes de terre au four ou les crudités.

Infusion à la sauge

Ingrédients : • feuilles de sauge séchées • vinaigre de cidre

✤ Emiettez les feuilles de sauge séchées dans une théière. Prévoyez environ l'équivalent d'une cuillerée à café de feuilles émiettées par tasse.

✤ Versez de l'eau bouillante sur les feuilles de sauge, couvrez la théière et laissez infuser pendant 10 minutes environ.

✤ Ajoutez 1 cuillerée à café de vinaigre de cidre (un peu moins si vous ne préparez qu'une seule tasse), puis remuez doucement pour bien mélanger.

✤ Filtrez ensuite l'infusion avec une passoire et versez-la dans une tasse. Vérifiez qu'elle n'est pas trop chaude avant de l'utiliser en gargarisme.

Cette infusion, prise en gargarisme, est efficace pour soigner le mal de gorge et apaiser la douleur due à l'inflammation. Elle soulage aussi les aphtes et les gencives molles. Gargarisez-vous, la tête en arrière et gardez l'infusion en contact avec votre gorge irritée le plus longtemps possible. Si vous le désirez, vous pouvez aussi boire le reste de l'infusion : elle est délicieuse !

Tisane au romarin

Ingrédients : 75 g de brins de romarin frais • miel

- Lavez le romarin et coupez-le en courts tronçons. Versez ceux-ci dans un pot résistant à la chaleur. Ajoutez 50 cl d'eau bouillante et laissez infuser pendant 10 minutes environ.

- Versez ensuite la tisane à travers une passoire dans une grande tasse et conservez le reste. Ajoutez du miel selon votre goût, remuez, puis buvez tant que le breuvage est encore chaud. Réchauffez le reste et dégustez à nouveau cette délicieuse tisane.

Fort aromatique, le romarin est idéal comme remontant rapide et naturel. Il stimule la circulation cérébrale, améliore la mémoire ainsi que la concentration et possède des vertus légèrement antidépressives. Cette tisane est recommandée aux personnes fatiguées ou surmenées.

Infusion de menthe

Ingrédients : • 50 g de feuilles de menthe fraîche (ou 25 g de feuilles de menthe séchée) • 60 cl d'eau

✤ Lavez la menthe fraîche, retirez les tiges trop fermes et hachez les feuilles.

✤ Placez ensuite la menthe hachée dans une théière et versez lentement l'eau bouillante.

✤ Couvrez la théière et laissez infuser pendant 10 minutes environ. Passez la préparation et consommez-la à votre gré, chaude ou glacée.

Pour réaliser cette infusion, vous pouvez utiliser de la menthe verte (la préférée des enfants !) ou de la menthe poivrée. Les parfums sont différents, mais l'efficacité contre les maux d'estomac est la même. Cette infusion est conseillée pour lutter contre l'acidité gastrique, les flatulences, les coliques, la nausée, les brûlures d'estomac et les indigestions.

Vous pouvez de la même façon préparer une infusion à la camomille, à la verveine, etc.

Annexes

Le dictionnaire du jardinier débutant

Annuelle : plante qui complète son cycle végétatif en un an. Certaines vivaces peuvent se comporter comme des annuelles sous les climats froids.

Arbuste : plante ligneuse ramifiée dès la base. Le terme « arbuste » regroupe une très large variété de plantes (persistantes ou caduques) qui se distinguent par leurs qualités ornementales (fleurs, fruits, feuillage, etc.). Les arbustes varient énormément au niveau de leur taille : certains peuvent être des plantes très basses (au port étalé et qui sont donc idéales comme couvre-sols), d'autres peuvent être des petits arbres aux troncs multiples.

Azote : symbole chimique N. Cet élément chimique agit essentiellement sur le développement des parties vertes d'une plante.

Bisannuelle : plante qui complète son cycle végétatif en deux ans.

Bonsaï : arbre nain, la plupart du temps cultivé en pot, qui est obtenu grâce à la taille des rameaux et des racines ainsi qu'à la ligature des tiges.

Bourgeon : petite formation végétale souvent renflée qui, en un point d'une plante, constitue une ébauche d'organe (fleur ou feuille) qui se développera après éclosion.

Bulbe : organe végétal souterrain formé par un bourgeon entouré de feuilles charnues et remplies de réserves nutritives qui permettent à la plante de reformer chaque année ses parties aériennes. Aux « vrais » bulbes (bulbes de tulipes, de narcisses, d'oignons, etc.) s'ajoutent les tubercules, les rhizomes, les cornus et les racines tubéreuses.

Caduc : qui tombe chaque année, par opposition à « persistant ».

Compost : matière obtenue après décomposition de déchets organiques.

Conifère : plante souvent résineuse dont le feuillage est la plupart du temps persistant et en aiguilles. Les organes reproducteurs ont la forme de cônes. Sous le terme « conifère », on retrouve les pins, sapins, mélèzes, cèdres et épicéas.

Drainage : opération consistant à éliminer l'eau en excès, souvent au moyen de drains.

Effeuiller : enlever les feuilles (ou les pétales) d'une plante.

Émonder : supprimer les branches inutiles d'un arbre.

Empoter : mettre en pot.

Engrais : substance destinée à augmenter la fertilité initiale du sol.

Engrais biologique (ou engrais organique) : fertilisant d'origine naturelle, qui a subi peu (ou pas) de traitements physiques ou chimiques.

Engrais chimique : fertilisant qui emploie des ingrédients modifiés depuis leur forme originale et, dans la plupart des cas, des substances exclusivement chimiques. La plupart des engrais chimiques peuvent avoir un impact négatif sur la santé des plantes et la qualité de la terre. Les engrais biologiques sont toujours à privilégier.

Engrais complet : fertilisant qui contient les trois principaux éléments de la fertilisation : l'azote (N), le phosphore (P) et le potassium (K).

Grimpante : comme son nom l'indique bien, il s'agit d'une plante qui grimpe. Dans la plupart des cas, les plantes grimpantes ont un très important effet décoratif : couleurs des fleurs ou des baies, feuillage automnal, etc. Ce sont habituellement des plantes d'une grande vigueur. Certaines d'entre elles s'accrochent (comme le lierre), d'autres s'étalent (comme le rosier grimpant) et d'autres encore sont volubiles (comme la vigne ou le jasmin).

Mildiou : maladie des plantes cultivées (pommes de terre, vigne, etc.) qui affecte surtout les jeunes pousses et les feuilles. Elle est provoquée par un microscopique champignon et se traduit généralement par l'apparition d'une moisissure duveteuse.

Nécrose : maladie caractérisée par la mort subite des tissus végétaux.

Pailler : action de recouvrir le sol d'une couche de paillis (écorces de pin broyées, feuilles mortes, déchets de cacao, etc.) pour protéger des excès de chaleur ou de froid, limiter l'évaporation ou empêcher le développement des mauvaises herbes.

Palisser : action d'attacher un rameau, une tige, une branche, etc., à un support (mur, palissade, treillage, etc.) afin de le maintenir dans une direction déterminée et lui donner une forme voulue.

Panaché : se dit d'un feuillage non uni, qui comporte des taches, des rayures, etc., d'une autre couleur. Le terme « Variegata » désigne, de manière générale, les plantes à feuillage panaché. Un préfixe peut donner l'indication d'une couleur précise : « Albovariegata » (blanc ou blanc crème), « Aureovariegata » (jaune), « Argenteovariegata » (blanc argenté). D'autres termes peuvent désigner un feuillage poudré de blanc crème (« Pulverulenta ») ou un feuillage poudré de doré (« Marmorata »).

Persistante : se dit d'une plante qui conserve son feuillage tout au long de l'année.

Phosphore : symbole chimique K. Élément minéral essentiel à la vie des plantes, qui joue un rôle déterminant dans la formation des réserves vitales et la production de fruits.

Rabattre : couper de manière sévère les branches, tiges, rameaux, etc., pour provoquer l'apparition de nouvelles branches vigoureuses.

Remontant : se dit d'une plante qui produit plusieurs fois dans l'année.

Rustique : se dit d'une plante qui résiste bien aux conditions de vie difficiles (le gel en hiver, etc.).

Sarclage : action d'éliminer les mauvaises herbes à l'aide d'un outil (binette, etc.).

Scarification : action de griffer superficiellement le sol pour retirer la couche de feuilles, de mousse, etc., qui se forme tous les ans au niveau des racines et asphyxie le gazon, certaines plantations, etc.

Substrat : base de la culture d'une plante. La plupart du temps, ce terme désigne, en jardinage, le milieu de culture qui ne contient pas (ou peu) de « vraie » terre.

Taille : suppression de certaines parties d'une plante.

Tavelure : maladie cryptogamique des arbres fruitiers. Elle est surtout caractérisée par l'apparition de taches noires sur les fruits, les feuilles et les rameaux.

Terre franche : se dit d'une terre qui contient les quatre éléments de base utiles à la culture : sable, calcaire, humus, argile.

Terreau : terre mélangée à des matières (végétales ou animales) décomposées.

Topiaire : art de la taille décorative des arbres et arbustes (souvent du buis). Le même terme désigne la plante sculptée elle-même.

Tourbe : matière organique qui est produite par l'accumulation de plantes mortes dont la décomposition est incomplète. La tourbe est souvent utilisée comme amendement en horticulture. L'un de ses avantages est qu'elle retient fort bien l'eau.

Végéter : se dit d'une plante qui ne se développe pas de manière optimale et qui est donc plus sensible aux maladies.

Vivace : se dit d'une plante qui peut vivre fort longtemps, refleurir tous les ans et même faire de nouvelles pousses. Les plantes vivaces sont généralement appréciées pour la beauté de leurs fleurs et/ou de leur feuillage. Certaines sont persistantes en climat doux, d'autres sont caduques. Un de leurs attraits essentiels est leur longue période de floraison.

Mon carnet d'adresses

Jardineries généralistes

✤ **Jardineries Truffaut :**
Pour connaître la jardinerie Truffaut la plus proche de chez vous : www.truffaut.com

À Paris

85 quai de la Gare
75013 Paris
Tél. : 01 53 60 84 50

À Nantes

258 route de Vannes
44700 Orvault
Tél. : 02 51 77 82 50

✤ **Jardineries Botanic**
Pour connaître la jardinerie Botanic la plus proche de chez vous : www.botanic.fr

À Archamps

Botanic sur le site d'Archamps
Parc d'affaires international
74866 Archamps
Tél. : 04 50 31 27 00

À Dijon

Botanic La Toison d'Or
Route d'Is-sur-Tille
21000 Dijon
Tél. : 03 80 76 45 70

✤ Nature & Découvertes :
graines et semis, équipements du jardinier, jardinières...
Pour connaître le magasin Nature & Découvertes le plus proche de chez vous : www.natureetdecouvertes.com

En Belgique

✤ « Le Jardin potager biologique »
fleurs annuelles, fruitiers, conifères, rosiers, géraniums, semences, insecticides, fongicides, terreaux, engrais, produits bio pour le jardin, mais aussi matériel de fabrication pour bière, vin, yaourt,...
rue Nicolas Berger 55
B-6700 Arlon
Tél : 00-32-(0)63-22 13 46
Fax : 00-32-(0)63-21 85 30
E-mail : horticole.laurent@skynet.be

✤ « Goldie Garden Center »
mobilier et décoration du jardin et de la terrasse, fleurs et plantes, accessoires, librairie,...
rue du Genistroit 1-3
B-1348 Louvain-la-Neuve
Tél : 00-32-(0)10-48 94 89
Fax : 00-32-(0)10-45 12 93

« Semailles »
le meilleur spécialiste de semences et plants biologiques / bio-dynamiques, amendements, matériel pour un jardinage écologique,...
rue du Sabotier 20
B-5340 Faulx-les-Tombes
Tél : 00-32-(0) 81-57 02 97
Fax : 00-32-(0) 81-23 03 87
E-mail : semaille@semaille.com
Site Internet : www.semaille.com
Aussi : vente par correspondance, vente via Internet, vente lors des foires bio et des foires aux plantes, vente dans une sélection de magasins bio et jardineries spécialisées en province de Liège, province du Hainaut, province du Brabant wallon, province de Namur, province du Luxembourg et région bruxelloise

Livraison à domicile

Jardins express
Jardin express livre les jeunes plants à domicile.
Jardin Express
Bouvincourt BP90131
80203 Péronne cedex
Tél. : 03 22 85 77 44
Vous pouvez commander vos plants sur Internet à www.jardinexpress.fr

Plantes et jardins
Plantes et jardins proposent plus de 6 000 variétés de plantes : plantes d'intérieur, jardin bio, aromates, vivaces, annuelles, etc.
Pour les commandes en ligne : www.plantes-et-jardins.com

Pépinières

Pépinières Adeline
18 route d'Herry
18140 La Chapelle Monlinard
Tél. : 02 48 79 51 51
Vous y trouverez tous les arbres et tous les arbustes, y compris les plus rares.

Pépinière Jacques Briant
Route nationale 23
La Haie Joulain
79780 Saint Sylvain d'Anjou (à côté d'Angers)

Outillages et produits pour le jardin

Castorama
Chaîne généraliste proposant tous les outils du jardinier.
Pour connaître le magasin Castorama le plus proche de chez vous, et pour les commandes en ligne, www.castorama.fr

En Belgique :

« Brico »
chaîne généraliste proposant matériel de jardinage, engrais, insecticides, plantes, mobilier et décoration du jardin et de la terrasse, accessoires, librairie,...
Nombreux magasins dans les différentes villes du pays (liste dans l'annuaire des pages jaunes ou sur le site Internet www.brico.be)

Index

R

S

T

V

Y